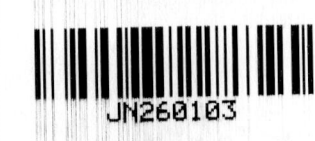

おいしく折ろう

食育おりがみ

西田良子・平野誠子
製作・著

はじめに

「食育おりがみ」の本を手に取ってくださった皆さん、こんにちは。
この本では、従来の「和」のイメージとはちょっと違った、ポップでカラフル、愉快で楽しい「食べもの」の折り紙作品を、たくさん紹介しています。折りだし方によって表情もそれぞれの、おいしい折り紙の世界を、どうぞ心ゆくまで味わってみてください。

もくじ

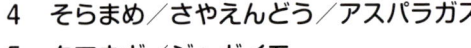

南国からのおくりもの

海からのえいよう

牧場のめぐみ

ごはんとパン

あま〜いデザート

春においしい食べもの

さやえんどう

折り図
39 ページ

アスパラガス

折り図
40 ページ

そらまめ

折り図
38 ページ

冬の間にじっくり育ってきた、春の食べものたち。
どんなふうに、実はついているのかな？
どんな色？　どんな形？
折り紙を折れたら、模様も描いてみましょう。

タマネギ
折り図
41
ページ
ジャガイモ
折り図
42
ページ

ぜんまい

折り図 43 ページ

たけのこ

折り図 44 ページ

いちご

折り図
45 ページ

きゅうり

折り図 47 ページ

ミニトマト

折り図 46 ページ

夏においしい食べもの

太陽の光をいっぱい浴びて、
赤、黄、緑…カラフルでおいしそうな
夏の食べもの。
キラキラかがやく
とれたての色を探してみましょう。

なす

折り図 48 ページ

ピーマン

折り図 49 ページ

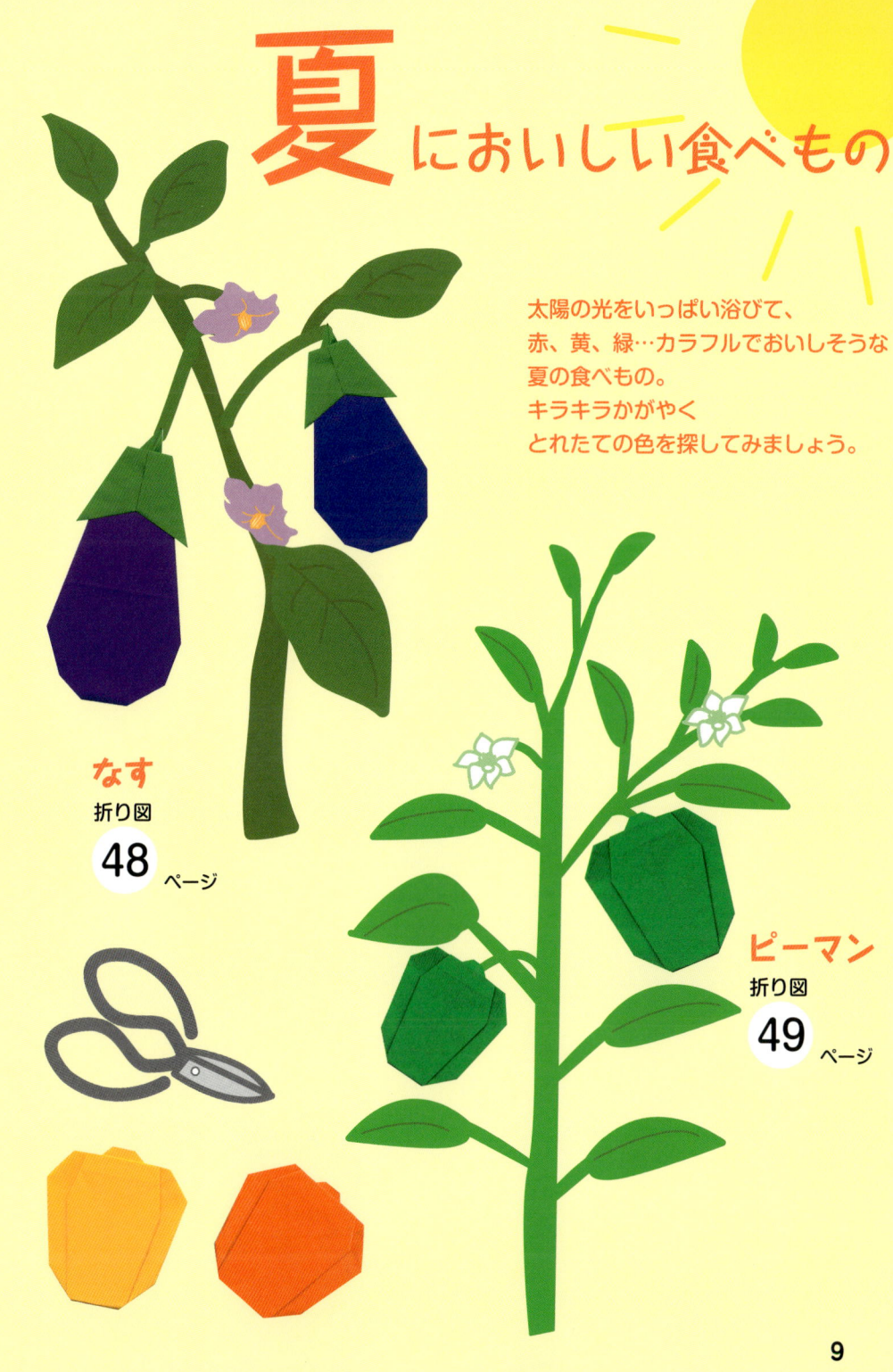

びわ

折り図
50ページ

もも

折り図
51ページ

すいか

折り図
52 ページ

秋においしい食べもの

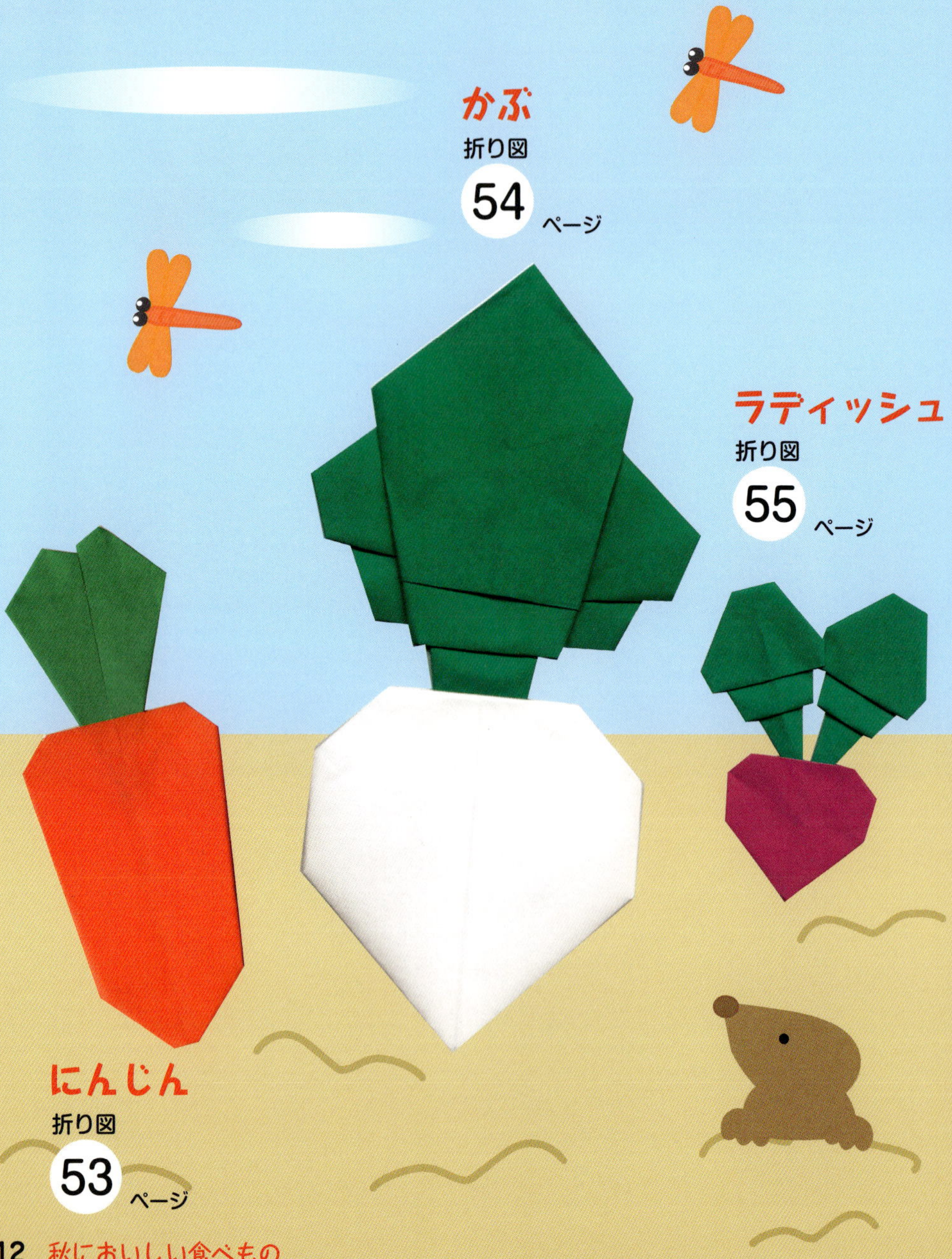

かぶ
折り図 54 ページ

ラディッシュ
折り図 55 ページ

にんじん
折り図 53 ページ

あまくていいにおいがして、
シャキシャキ、ホクホク、
からだを元気にする食べものが、
秋にはたくさん収穫できます。
いろんな形の葉っぱも、折って
みましょう。

かぼちゃ

折り図
56ページ

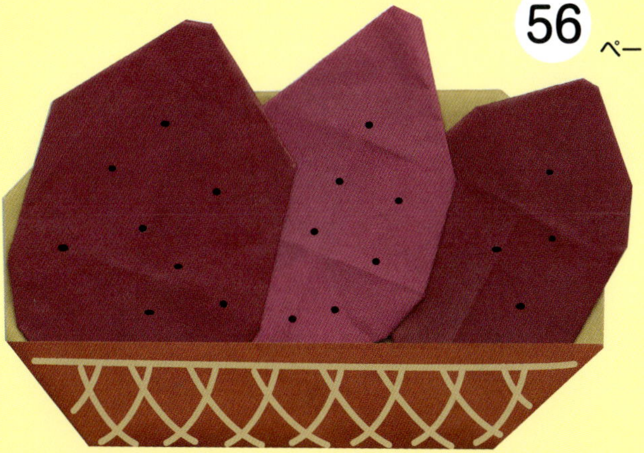

さつまいも

折り図
57ページ

さつまいものかご

折り図
58ページ

マツタケ

折り図 59 ページ

くり

折り図 60 ページ

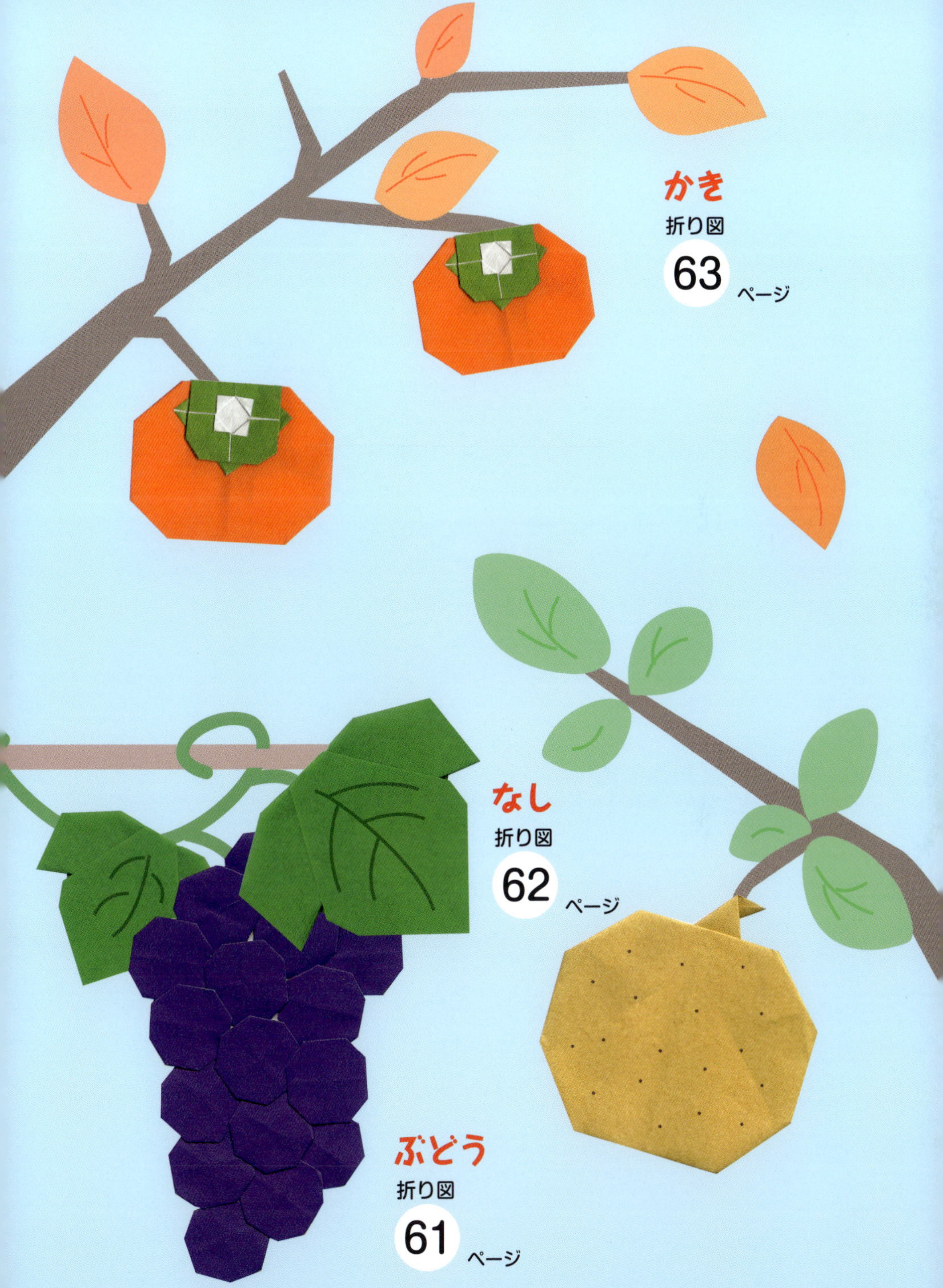

かき

折り図 63 ページ

なし

折り図 62 ページ

ぶどう

折り図 61 ページ

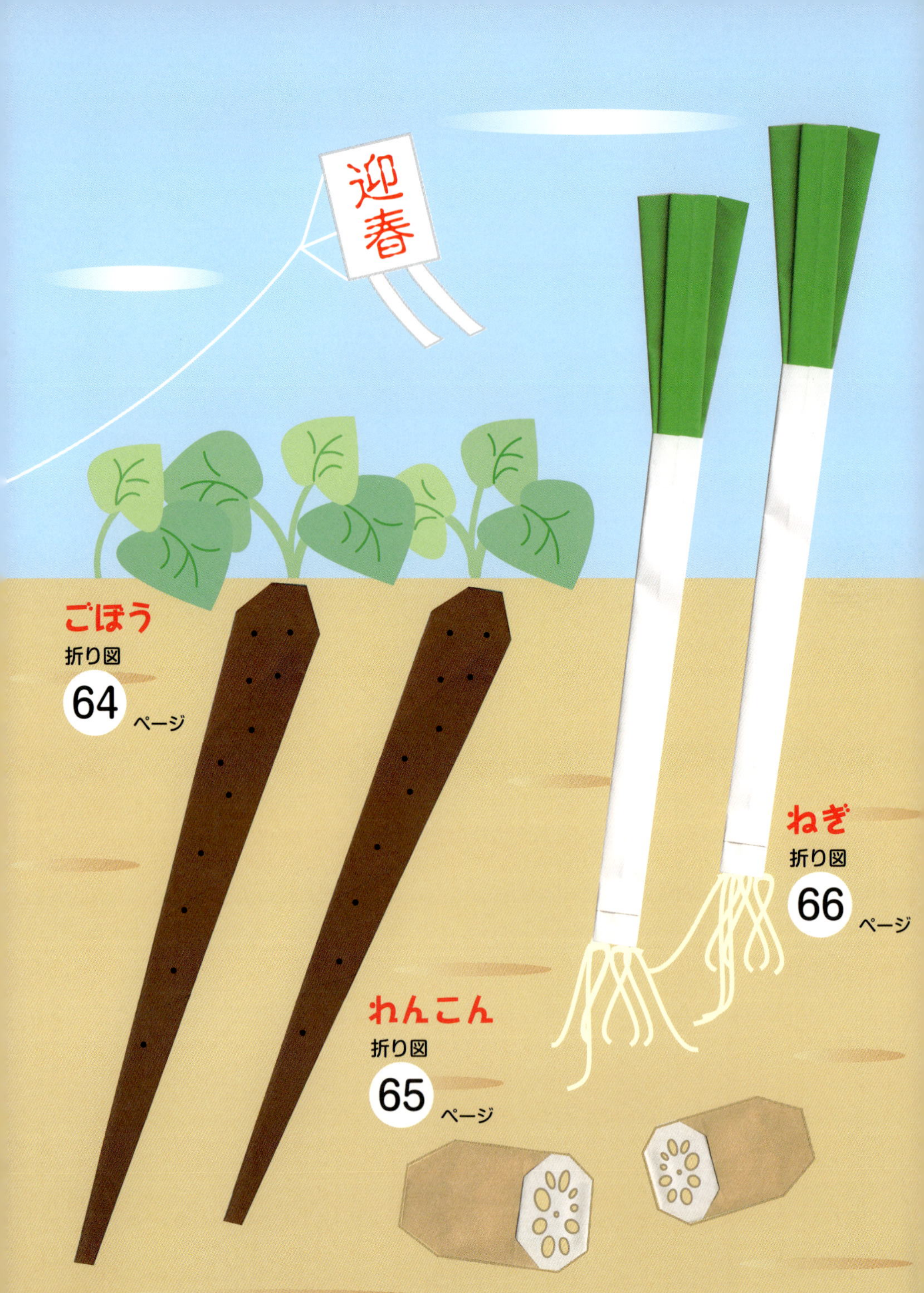

ごぼう

折り図
64
ページ

れんこん

折り図
65
ページ

ねぎ

折り図
66
ページ

冬においしい食べもの

みかん

折り図 67 ページ

りんごとかご

折り図 68 – 69 ページ

寒い冬の間も、ふかふかな土のお布団の中には
お野菜たちが元気に育っています。
私たちもこたつに入ってぽかぽか、
あまいくだものをいただきましょう。

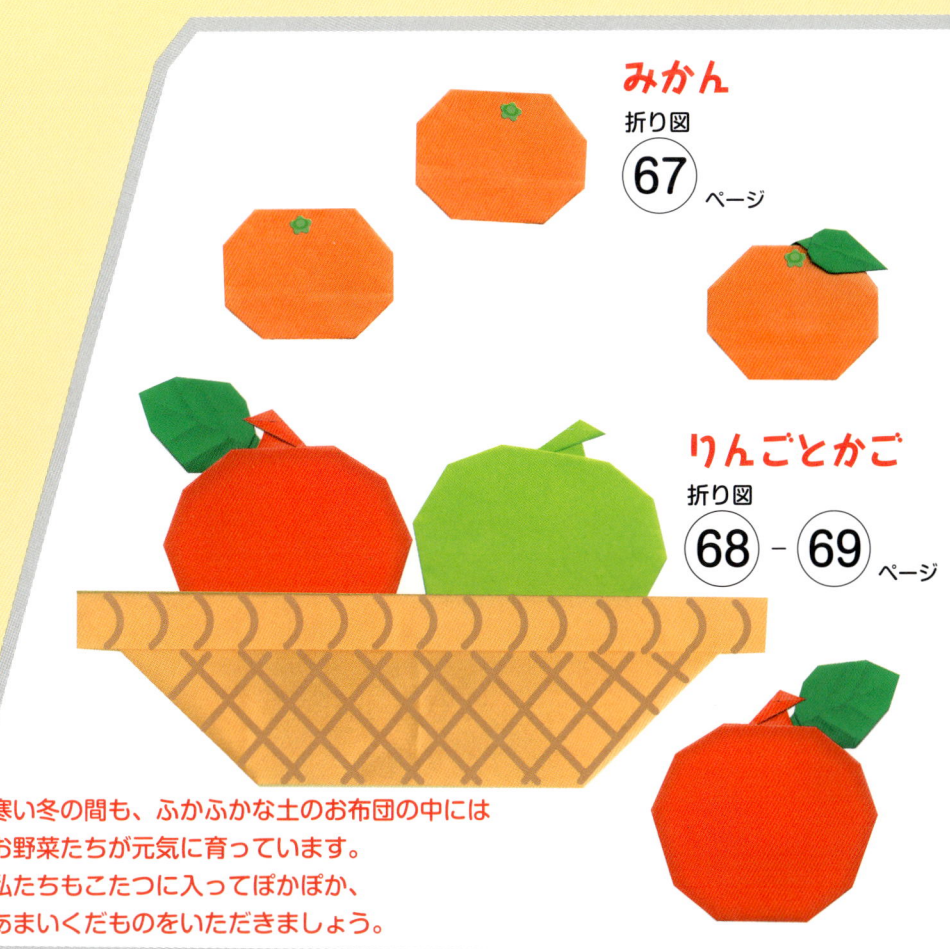

南国からのおくりもの

バナナ1

折り図 70ページ

オレンジ

折り図 72ページ

バナナ2

折り図 71ページ

青い海のむこうの南の国から
あまくておいしいくだものたちが
流れてきました。
はっきりとしたあざやかな色あいを
楽しんで、折ってみましょう。

グレープフルーツ

折り図 73 ページ

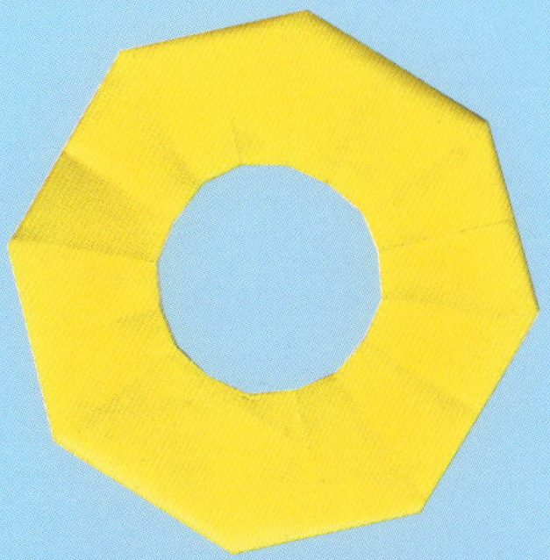

パイナップル

折り図 74 – 75 ページ

エビ

折り図
77 ページ

イカ

折り図
76 ページ

カニ

折り図
78 ページ

海からのえいよう

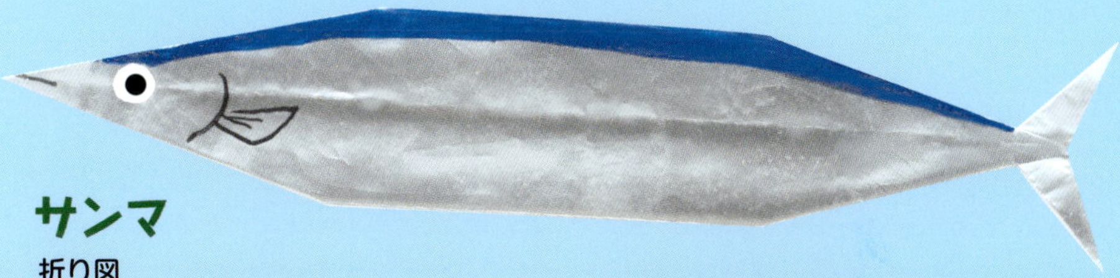

サンマ

折り図

79 ページ

広くて青い海には
私たちのパワーのみなもとである、
大切な栄養がたっぷり。
イカの足は、何本あるかな？
イワシの模様は、どんなかな？
面白い形の魚が、たくさんいます。

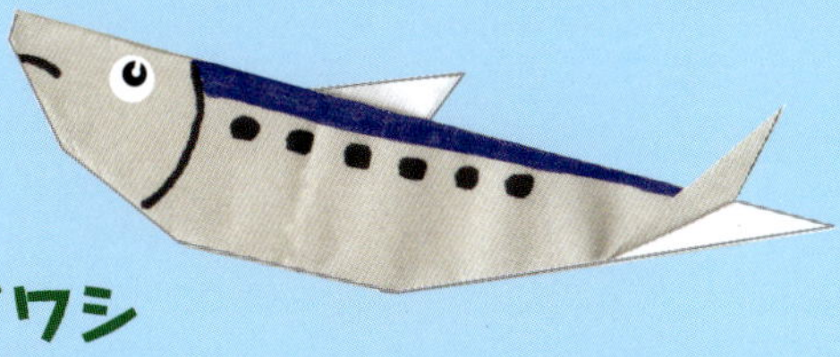

イワシ

折り図

80 ページ

タイ

折り図
81
ページ

ハマグリ

折り図
82
ページ

牧場のめぐみ

うし

折り図
83 ページ

牛乳
と
チーズ

折り図
84 ページ

私たちは毎日、生き物たちの大切な命を
いただいて、元気にすごせています。
たくさんのめぐみに、感謝しましょう。
にわとりやぶたの顔の表情も、
自由に描いて楽しんでみてください。

にわとり

折り図 86 ページ

ぶた

折り図 85 ページ

たまご

折り図

87ページ

めだまやき

折り図

88ページ

ごはんとパン

天丼

折り図
90 – 91 ページ

釜めし

折り図
89 ページ

毎日の大切な栄養、元気のもと・
ごはんとパン。
モリモリ食べて、からだのエネ
ルギーにしましょう。
節分にかかせない、具だくさん
の恵方巻きは、
太さや具の色を変えれば、いろ
んなのり巻きに変身！
お皿にのせて、さあ、めしあがれ。

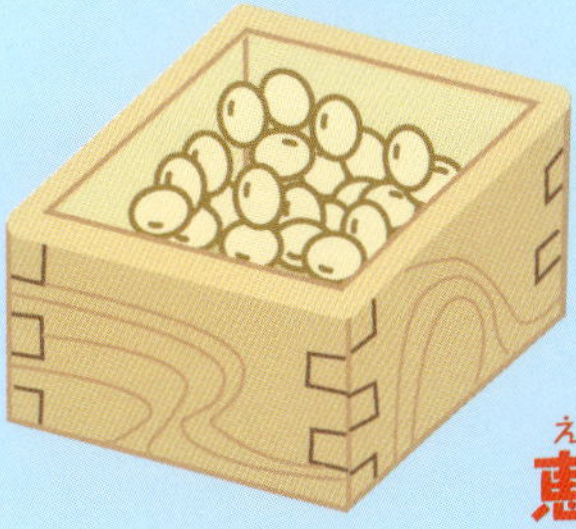

恵《え》方《ほう》巻《ま》きと お吸《す》い物《もの》

折り図
92 - 93 ページ

クリームサンド

折り図
96 - 97 ページ

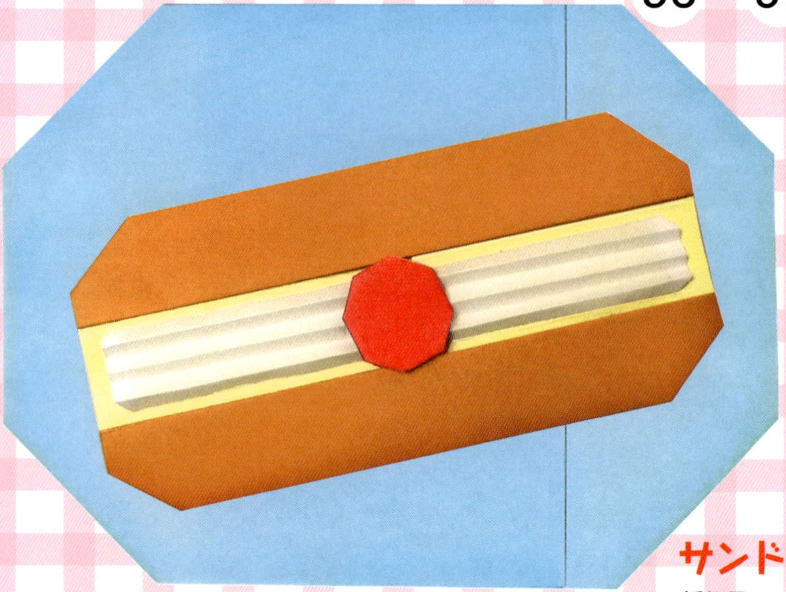

サンドイッチ

折り図
94 ページ

クロワッサン

折り図
95 ページ

あま〜いデザート

いちごババロア

折り図
100ページ

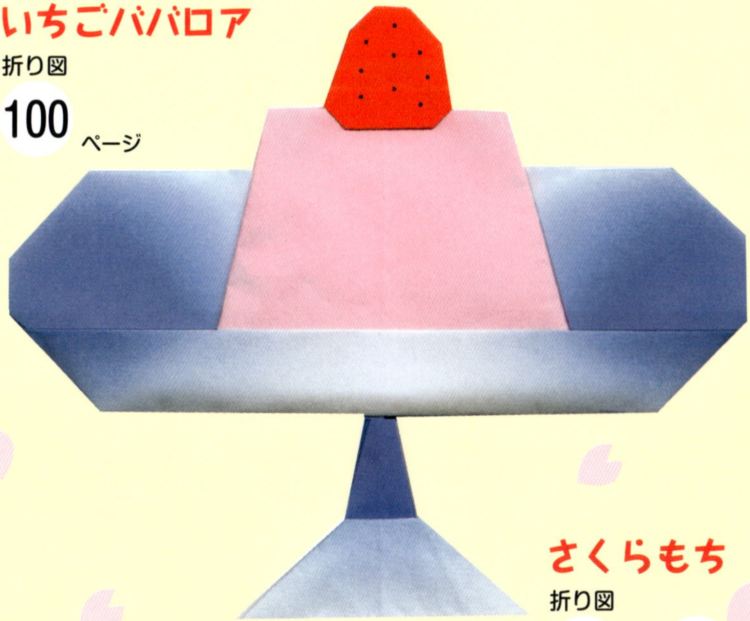

さくらもち

折り図
98－99ページ

あまくてかわいいデザートが、
食卓に並ぶとそれだけで、
心がとってもウキウキします。
季節の和菓子に、ケーキやア
イス…、好きな色をたくさん
使って、カラフルなデザート
を折りましょう。

アイスとソフト

折り図
101 - 102 ページ

みかんの缶詰

折り図
103 ページ

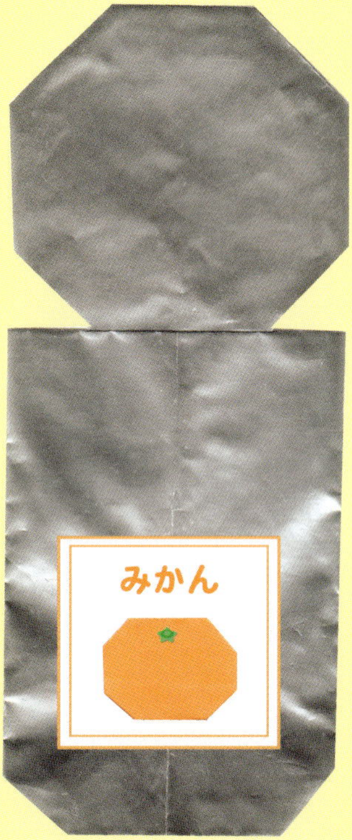

ジュース

折り図
106 ページ

ブルーベリーとジャム

折り図
104 - 105 ページ

チョコのクリスマスケーキ

折り図
107 – 108 ページ

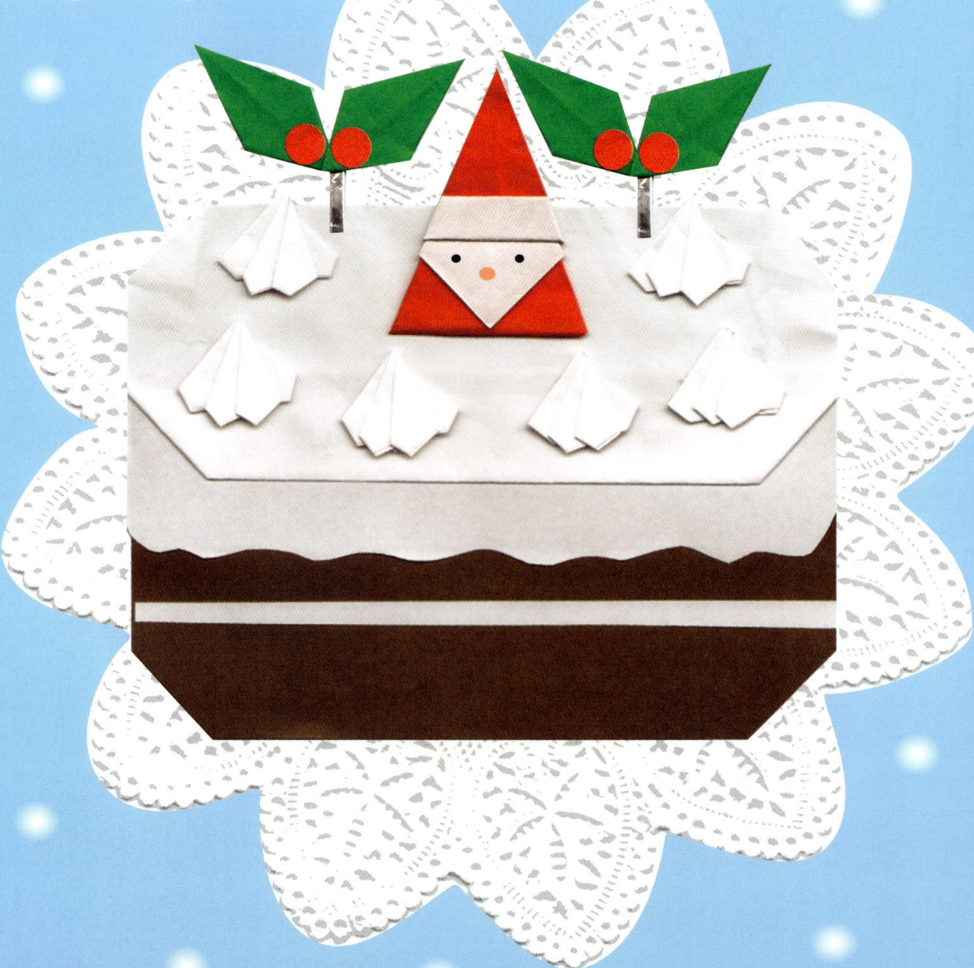

食育おりがみの楽しみ方

食べものを折りながら、旬の野菜やくだものなどについて学ぶ

端と端とをていねいに合わせて折りだしていく折り紙には、集中力を養い脳を活性化させる効用があります。それに加えて、本書で紹介する「食育おりがみ」は、さまざまな食べものを折るため、実際の野菜・くだものの形、色などを、折り紙作品で表現する観察力や、折り紙を選び出す色彩感覚なども育むことができます。

赤、黄、緑、だいだいなどの鮮やかな折り紙の色は、採れたてで新鮮、ビビッドでカラフルな、野菜やくだものを折りだすのにぴったりです。

「食育おりがみ」を折ることで、身近な旬の食べものにより一層親しみを覚え、それらの名前や形、色などを、楽しみながら自然に学ぶことができるでしょう。

自由にアレンジして、オリジナリティーあふれる作品を創る

折る・切る・描く・貼ると、いくつもの楽しみ方ができる「食育おりがみ」は、創作の過程で一人ひとりの個性が現れ、独創的でユニークな作品に仕上がるのが特長です。

たとえば、折り図を見ながら仕上げた「そらまめ（4、38ページ参照）」に、サインペンやクレヨンなどで、かわいい顔を描いてみましょう。小さなお豆さんたちがおしゃべりしているようで、すてきな物語が生まれそうです。

あるいは、「クリスマスケーキ（32、107-108ページ参照）」の上に、たくさんのいちごを飾って、「いちごのバースデーケーキ」にアレンジしたりと、うれしいバリエーションが楽しめます。「クリームサンド（28、96-97ページ参照）」も、クリームの代わりにソーセージを挟んで、ケチャップ を描けば、ボリューム満点「ホットドッグ」のできあがりです。

自由な発想でひと工夫し、たくさんのおいしいメニューを増やしましょう。

小さな豆に、かわいい顔を描きましょう

折り紙作品をテーマ別に貼って、壁面制作にチャレンジする

網の上に魚をのせて
おいしく焼きましょう

大判の模造紙などに、いくつかの野菜やくだものを、春夏秋冬と四季のグループ別にまとめて貼ると、折り紙のたくさんの色合いが映え、作品群をより明るく華やかに演出できます。

たとえば模造紙に秋のお山を描き、きのこが生えていたり、くりが落ちている様子を、折り紙作品を貼って表現するなど、壁面制作で四季折々の風景が楽しめます。大きな木を何本か描き、折り紙作品のりんごやかき、なしなどがたわわに実っている、そんな豊かな自然の情景も、ほっと心がなごみます。

あるいは、お皿の上に焼いたお魚をのせ、その横に炊きたての白いご飯とお吸い物をセットした、何人分かの折り紙作品を貼りつけ、みんなで囲む食卓を表現するなど、給食室の壁面にぴったりの作品も創れます。

いろいろな色の折り紙を使い、たくさんの折り紙作品を貼ることで、インパクトのある大作が自在に仕上がります。

食べものを主人公にした物語と、折り紙作品とをコラボさせる

筆者２人は、子どもたちや、保育の現場で働く方々、また栄養士さんなどを対象に、「夢キャラバン」と称する、絵本の読み聞かせと折り紙作品指導の講習会を、長く行っています。

現在、ベストセラー、またはロングセラーになっている絵本に、食べものを主人公にした作品がたいへん多いことは、案外知られていません。

しかし、小さな子どもたちにとって、「生きることとは即食べること」であると説く有識者もおり、また子どもたちの世界では、食べものがどれほど身近で楽しみな対象かを考えると、そうした絵本の人気にもうなずけます。

食べものが活躍する絵本の読み聞かせの後、その食べものを折ってもらうと、よりイメージがふくらみ、一人ひとり独創的で豊かな折り紙作品が仕上がります。

食育の授業に市販の絵本を活用するだけではなく、お母さんや保育士・栄養士さんたちの手作りの絵本や紙芝居なども、子どもたちには喜ばれることでしょう。

折り紙作品を仕上げた後は、彼らを物語の世界でも大活躍させ、食育の現場で上手にお役立てください。

立体的な作品群で、お料理ごっこやお店屋さんごっこをして遊ぶ

「食育おりがみ」では、従来の平面的な作品だけではなく、立体的で温かみのある作品も折りだせるので、子どもたちはもちろん、大人も童心に戻って作品創りが楽しめます。

たとえば、ミルクやチーズを提供してくれる雌牛は、立てて飾ることができます（「うし」23、83ページ参照）。また、お皿の上に、葉の感触を感じられるようなレタスを何枚か敷き、上に厚みのあるエビフライ（91ページ参照）をのせたりと、クッキングをするような楽しみ方もできます。

折り紙のお皿の上に
立てることができます

パンの折り紙作品をたくさん並べてパン屋さん、野菜・くだものなら八百屋さん、お菓子ならお菓子屋さんと、いろいろなお店屋さんごっこも楽しめます。

黄色い衣でくるんだ天ぷら（「天丼」26、90-91ページ参照）はもちろん、ふんわりと仕上がったピンクのさくらもち（29、98-99ページ参照）などは、立体的でかわいらしく、おいしそうな仕上がりとなっています。

八百屋さんごっこをして
遊びましょう

やさしい折り紙作品を、コミュニケーションの材料にする

本書の折り紙作品は、だれもが日ごろから親しんでいる、身近な食べものであり、それらの折りだし方も、決して複雑ではありません。折り図を見れば、老若男女、だれにでも折れる「食育おりがみ」は、年代を超えた格好のコミュニケーションの材料に成り得ます。

親子、友人、先生と生徒など、肩を寄せ合いおしゃべりしながら、和気あいあいとすごす時間を共有してください。

ひと折りひと折り、ていねいに折り紙作品を仕上げる中で、いつのまにか周りの皆との、温かな心の触れ合いが生まれることでしょう。

基本の折り方

約束と記号

食育おりがみの折り図（38〜108ページ）には、
折り方の約束ごとがあり、以下のように記号を表記しています。

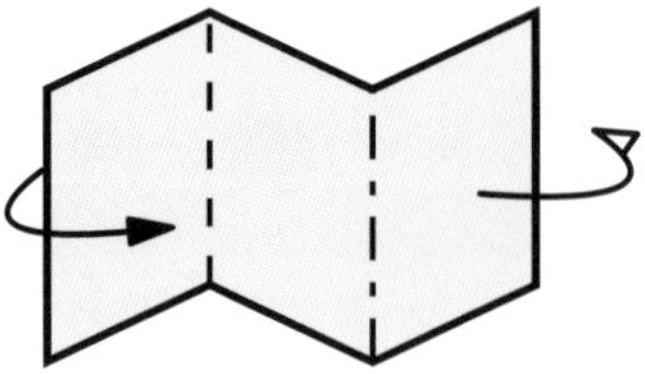

山折り線

谷折り線

うしろに折る

てまえに折る

山折りしてもどす

折りすじ線

うら返す
向きを変える

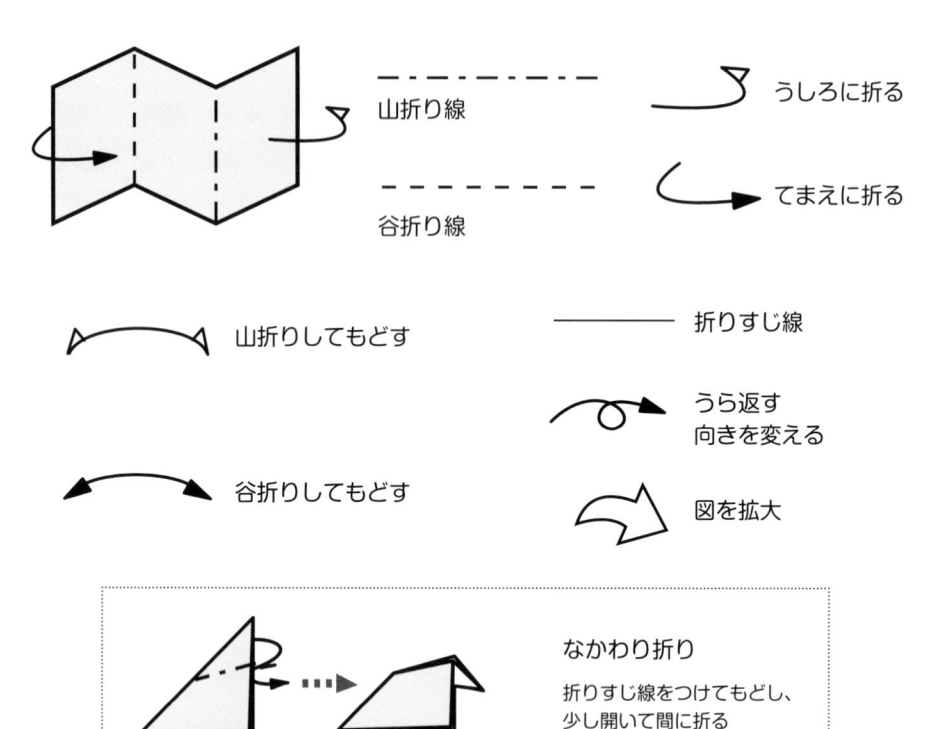

谷折りしてもどす

図を拡大

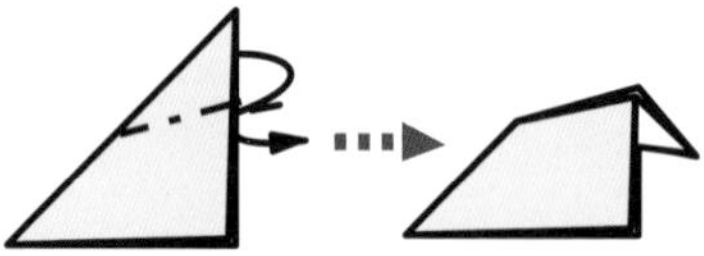

なかわり折り

折りすじ線をつけてもどし、
少し開いて間に折る

折り紙の種類

見本の折り紙作品には、ほとんど、15cm×15cmの市販の折り紙を使っています。折り紙のセットには、50色入りのものや、ぼかしの折り紙、両面折り紙、大きな折り紙、模様の入った折り紙などもあります。

作品によって、好きな折り紙を選んで折りましょう。
作品の大きさは自由なので、折れる厚さであれば、折り紙以外の紙を、正方形に切って使ってもよいでしょう。

折り図の見方

☆の数で難易度を表現

複雑な折り方はほとんどありませんが、☆☆☆の作品の場合は、細かい折りになるので、最初は大きめの紙を使って練習するとよいでしょう。
☆…かんたん
☆☆…ふつう
☆☆☆…こまかい

カラーの完成図があるページ

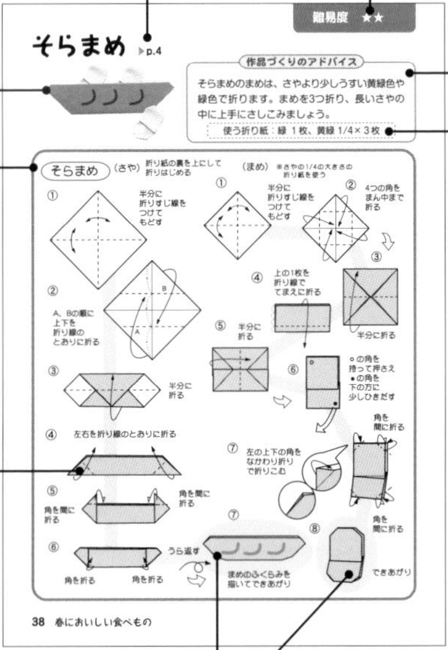

完成図

折り図

番号順に折り進めていきます。
ひとつ先の折り図を見ながら、折り線をていねいにつけて折ると、きれいに折り上げることができます。

表面と裏面

折り紙の灰色に色づけされている面が表面、白色が裏面です。
作品のほとんどは、裏を上にして折りはじめますが、表を上にして折りはじめる作品もあるので、注意しましょう。

作品をつくるときの注意点やアドバイス

使う折り紙の色と枚数

折り紙の色はカラーページ（4～32ページ）で使用したものを、主に表記しています。しかし、「好きな色」と表記したもの以外でも、折り紙の色は基本的に自由です。1枚の折り紙を分割して使う場合は、折り図にある分割の方法を、よく見てください。

できあがり

できあがった作品に、ペンで模様を描く場合もあります。また、複数の折り紙を組み合わせたり、貼り合わせて、完成させる作品もあります。
魚など、色のある折り紙作品に目をつけるときには、白い丸シールを貼り、そこに目を描くとよいでしょう。

難易度　★★

そらまめ

▶p.4

作品づくりのアドバイス

そらまめのまめは、さやより少しうすい黄緑色や緑色で折ります。まめを3つ折り、長いさやの中に上手にさしこみましょう。

使う折り紙：緑 1枚、黄緑 1/4×3枚

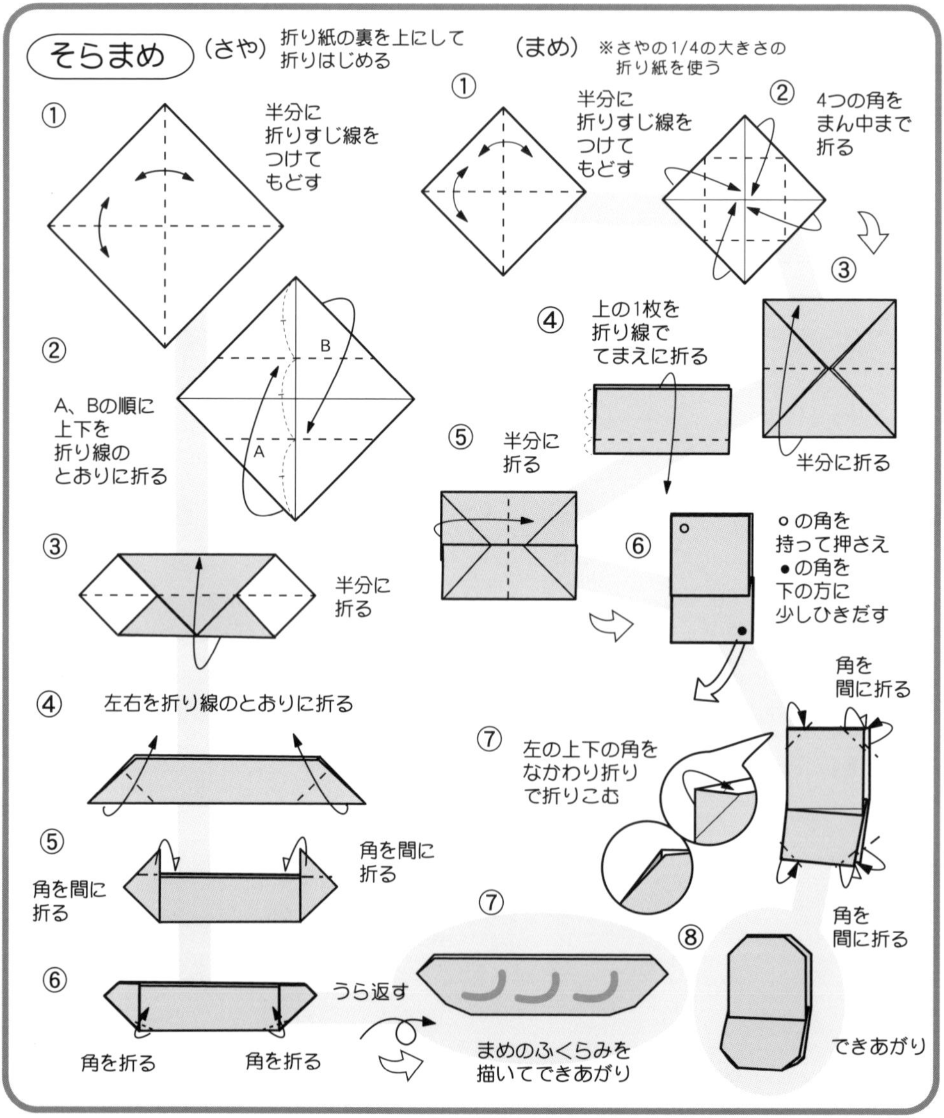

そらまめ
（さや）折り紙の裏を上にして折りはじめる
① 半分に折りすじ線をつけてもどす
② A、Bの順に上下を折り線のとおりに折る
B
A
③ 半分に折る
④ 左右を折り線のとおりに折る
⑤ 角を間に折る
角を間に折る
⑥ 角を折る
角を折る
うら返す
⑦ まめのふくらみを描いてできあがり
（まめ）※さやの1/4の大きさの折り紙を使う
① 半分に折りすじ線をつけてもどす
② 4つの角をまん中まで折る
③ 半分に折る
④ 上の1枚を折り線でてまえに折る
⑤ 半分に折る
⑥ ○の角を持って押さえ●の角を下の方に少しひきだす
⑦ 左の上下の角をなかわり折りで折りこむ
角を間に折る
角を間に折る
⑧ できあがり

難易度　★★

さやえんどう

▶p.4

作品づくりのアドバイス

さやえんどうの折り方は細かいので、爪や指先を上手に使って仕上げましょう。特に、ヘタの所を、ていねいに折っていきましょう。

使う折り紙：黄緑 1枚

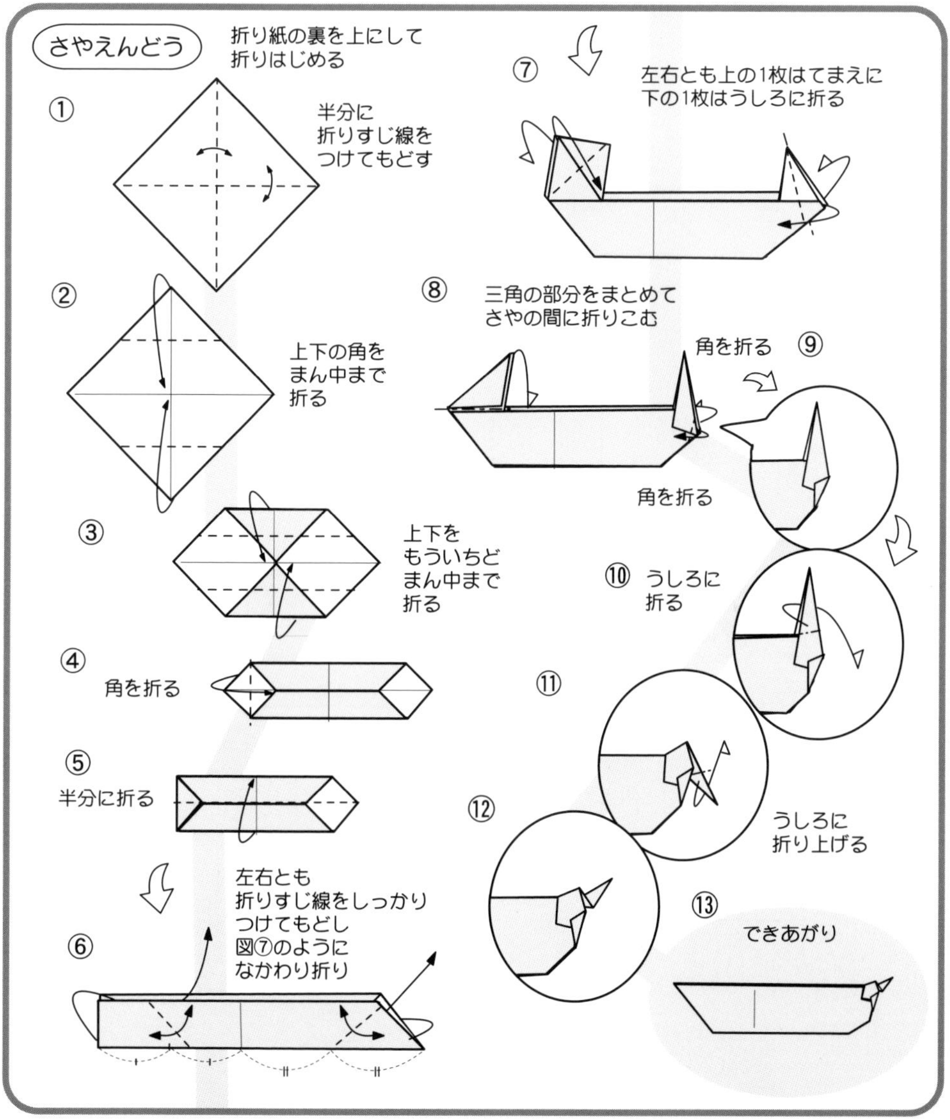

さやえんどう
折り紙の裏を上にして
折りはじめる
①
半分に
折りすじ線を
つけてもどす
②
上下の角を
まん中まで
折る
③
上下を
もういちど
まん中まで
折る
④
角を折る
⑤
半分に折る
⑥
左右とも
折りすじ線をしっかり
つけてもどし
図⑦のように
なかわり折り
⑦
左右とも上の1枚はてまえに
下の1枚はうしろに折る
⑧
三角の部分をまとめて
さやの間に折りこむ
角を折る
⑨
角を折る
⑩
うしろに
折る
⑪
うしろに
折り上げる
⑫
⑬
できあがり

難易度　★★

アスパラガス

▶p.4

ASPARAGUS

作品づくりのアドバイス

アスパラガスを数本折り、青い折り紙で束ねます。白い修正ペンなどを使い、英語でASPARAGUSと文字を書きましょう。

使う折り紙：緑 1/8× 4 枚、青 1/12枚

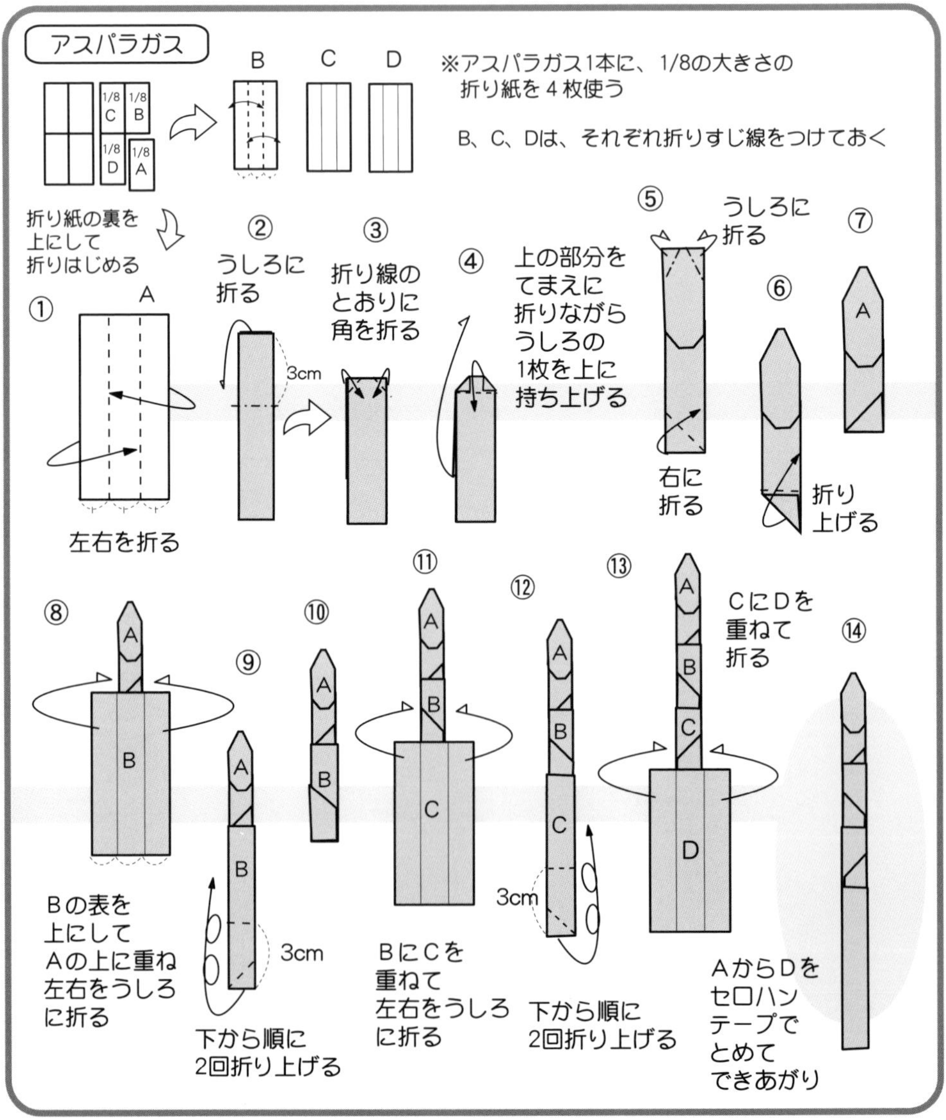
アスパラガス
1/8 C
1/8 B
1/8 D
1/8 A
B
C
D
※アスパラガス1本に、1/8の大きさの折り紙を４枚使う
B、C、Dは、それぞれ折りすじ線をつけておく
折り紙の裏を上にして折りはじめる
①
A
左右を折る
②
うしろに折る
3cm
③
折り線のとおりに角を折る
④
上の部分をてまえに折りながらうしろの1枚を上に持ち上げる
⑤
うしろに折る
右に折る
⑥
折り上げる
⑦
A
⑧
A
B
Bの表を上にしてAの上に重ね左右をうしろに折る
⑨
A
B
3cm
下から順に2回折り上げる
⑩
A
B
⑪
A
B
C
BにCを重ねて左右をうしろに折る
⑫
A
B
C
3cm
下から順に2回折り上げる
⑬
A
B
C
D
CにDを重ねて折る
⑭
AからDをセロハンテープでとめてできあがり

難易度　★

タマネギ

▶p.5

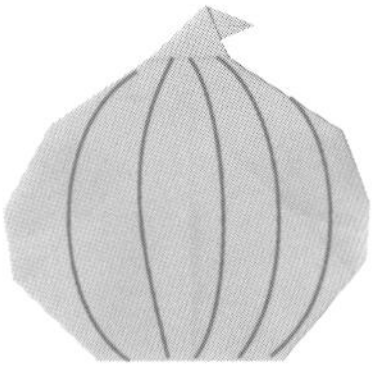

作品づくりのアドバイス

黄土色やうす茶色などの折り紙を使って折り、最後に線模様を描きます。折り図⑦と⑧の折る角度や幅を変えて、自由に形を折りだしましょう。

使う折り紙：黄土／うす茶　1枚

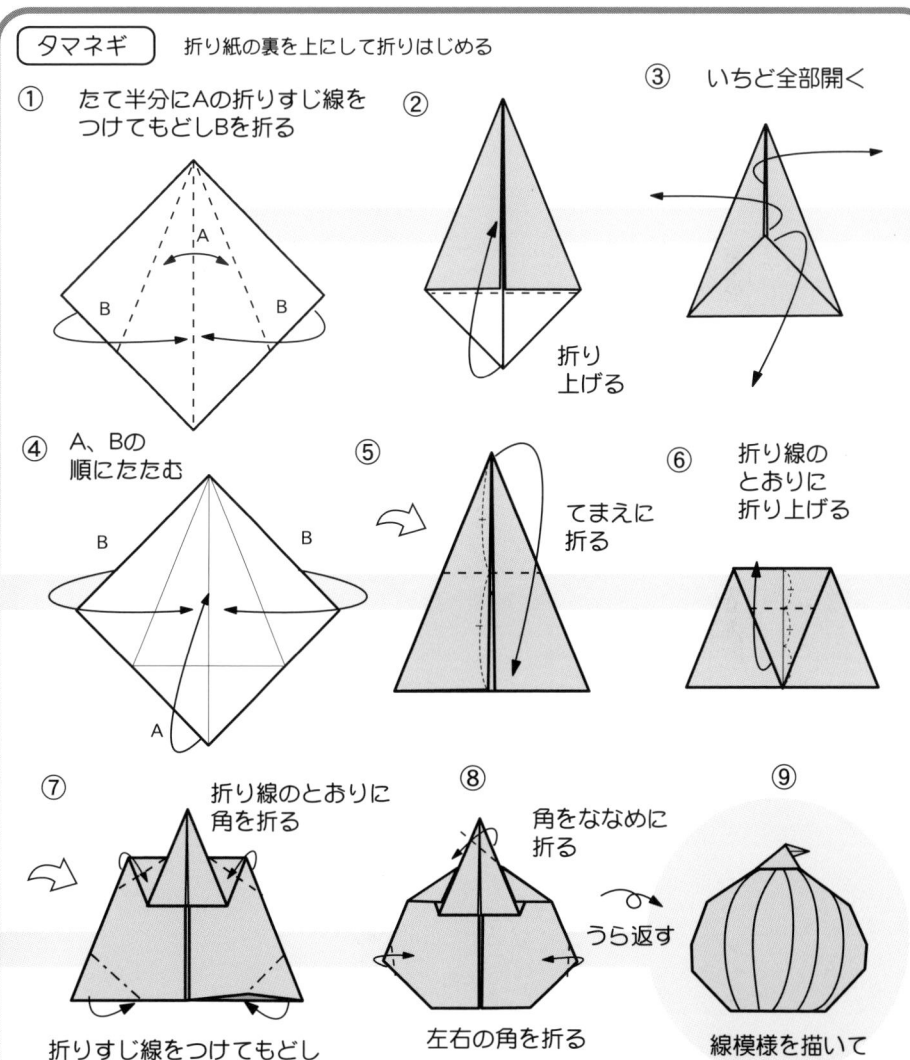

タマネギ　折り紙の裏を上にして折りはじめる

① たて半分にAの折りすじ線をつけてもどしBを折る

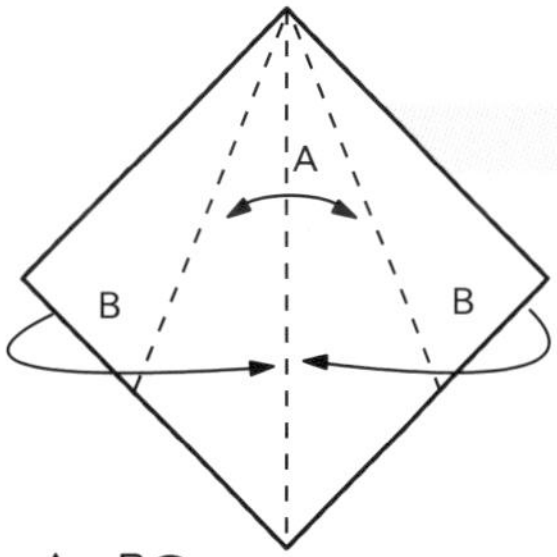

②

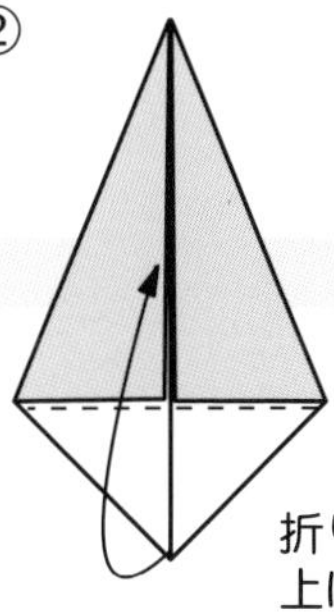

折り上げる

③ いちど全部開く

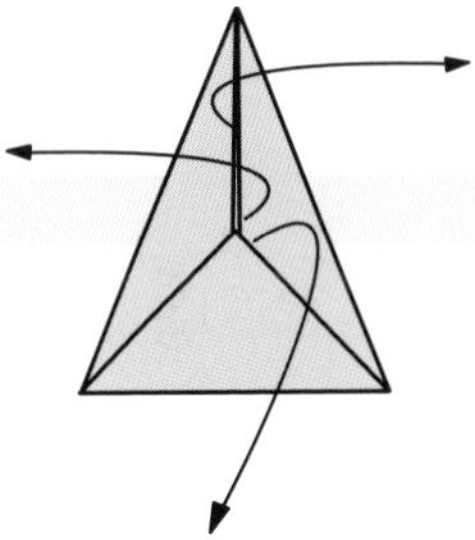

④ A、Bの順にたたむ

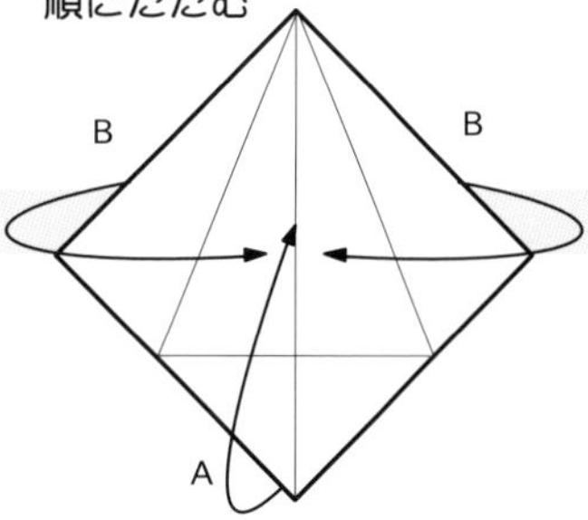

⑤

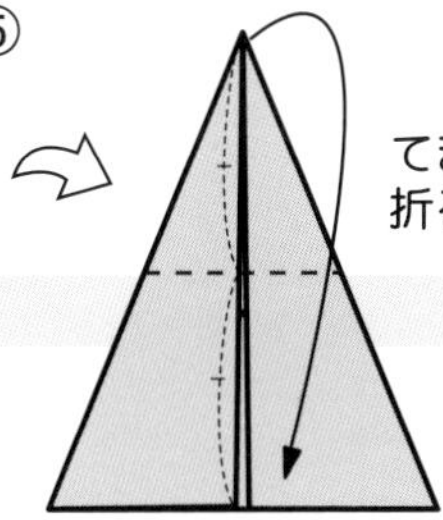

てまえに折る

⑥ 折り線のとおりに折り上げる

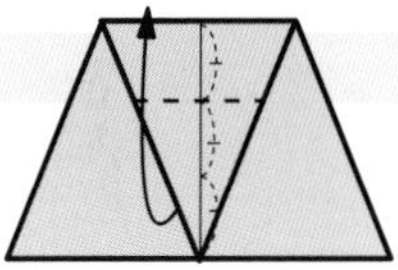

⑦ 折り線のとおりに角を折る

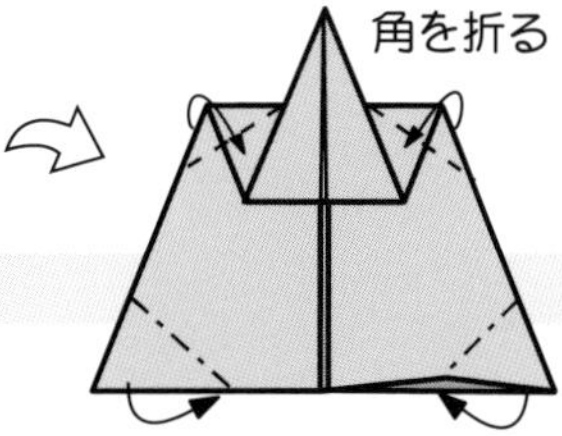

折りすじ線をつけてもどし
少し開いてなかわり折りで折りこむ

⑧ 角をななめに折る

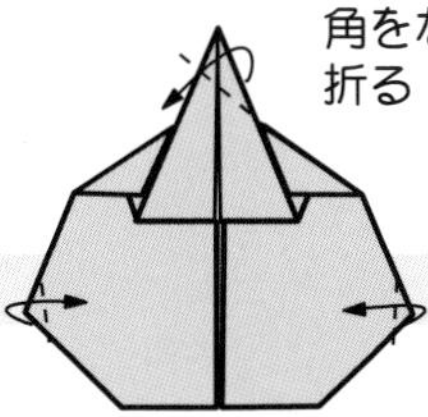

左右の角を折る

うら返す

⑨

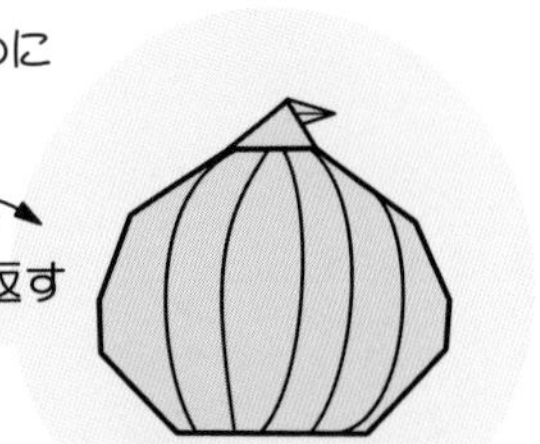

線模様を描いてできあがり

難易度　★

ジャガイモ ▶p.5

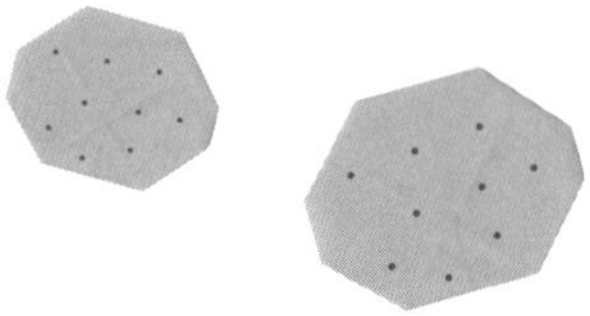

作品づくりのアドバイス

黄土色やうす茶色などの折り紙を使って折り、最後にポツポツ模様を描きます。折り図⑥と⑦の折る角度や幅を変えて、形を工夫してみましょう。

使う折り紙：黄土／うす茶 1枚

ジャガイモ

折り紙の裏を上にして
折りはじめる

① 折りすじ線をつけてもどす

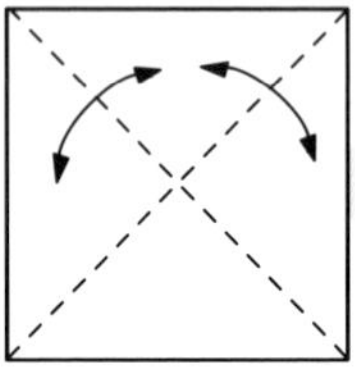

② まん中まで折る

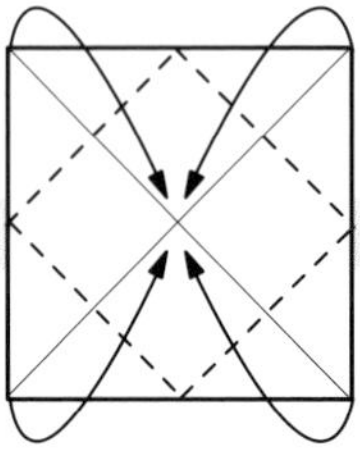

③ 折りすじ線をつけてもどす

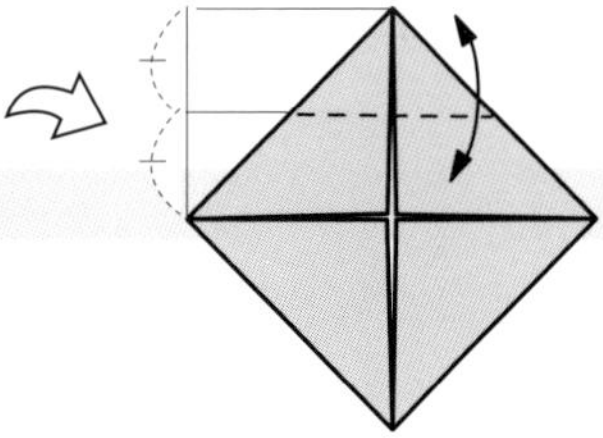

④ A、Bの順に折る

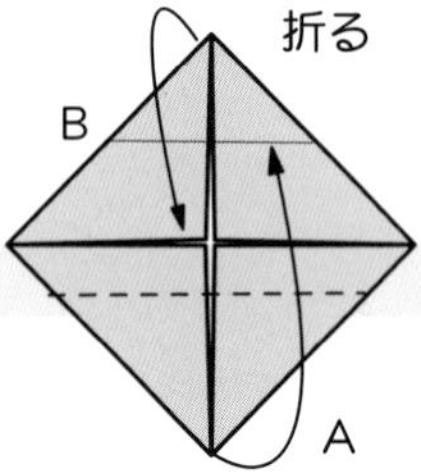

⑤ 左右を折り線のとおりに折る

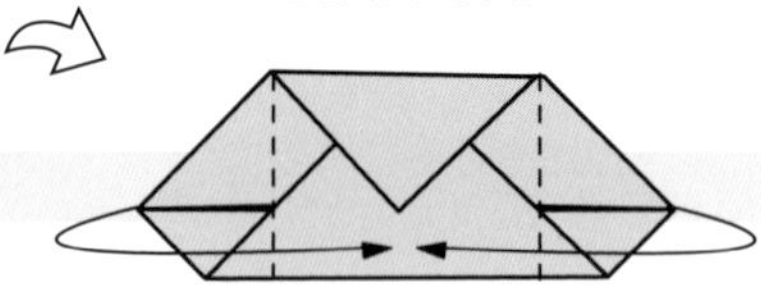

⑥ 左右の角を折る

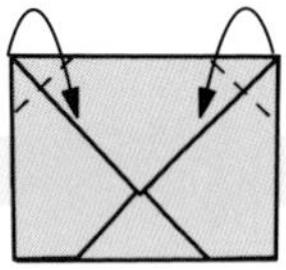

⑦ 折りすじ線をつけてもどす

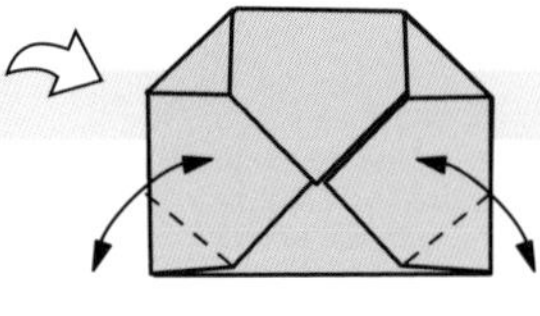

⑧ 折りすじ線でなかわり折りで折りこむ

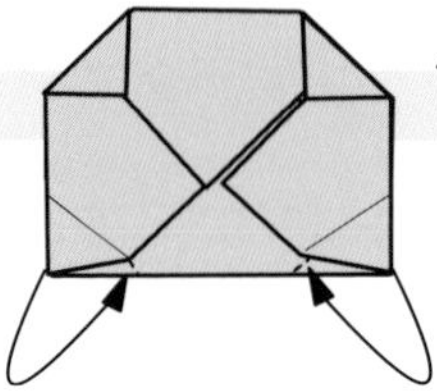

⑨ ポツポツ模様を描いてできあがり

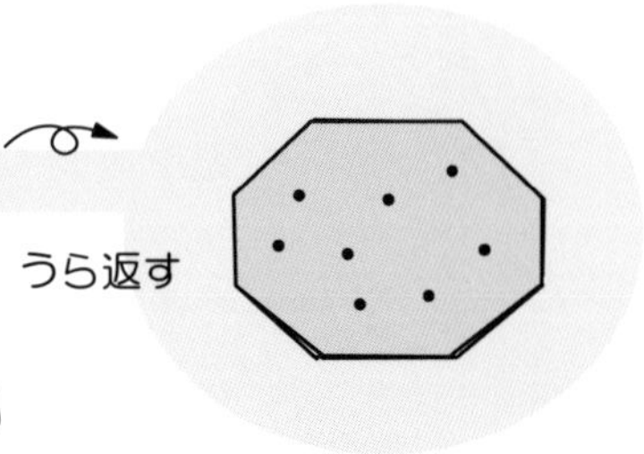

難易度　★★

ぜんまい

▶p.6

作品づくりのアドバイス

外側を深緑やうすい黄緑などで折り、内側には、うす紫や黄緑の折り紙を使います。色の組み合わせを変え、何本かいっしょに作るときれいです。

使う折り紙：深緑／うす黄緑 1/8×2枚、うす紫／黄緑 1/16枚

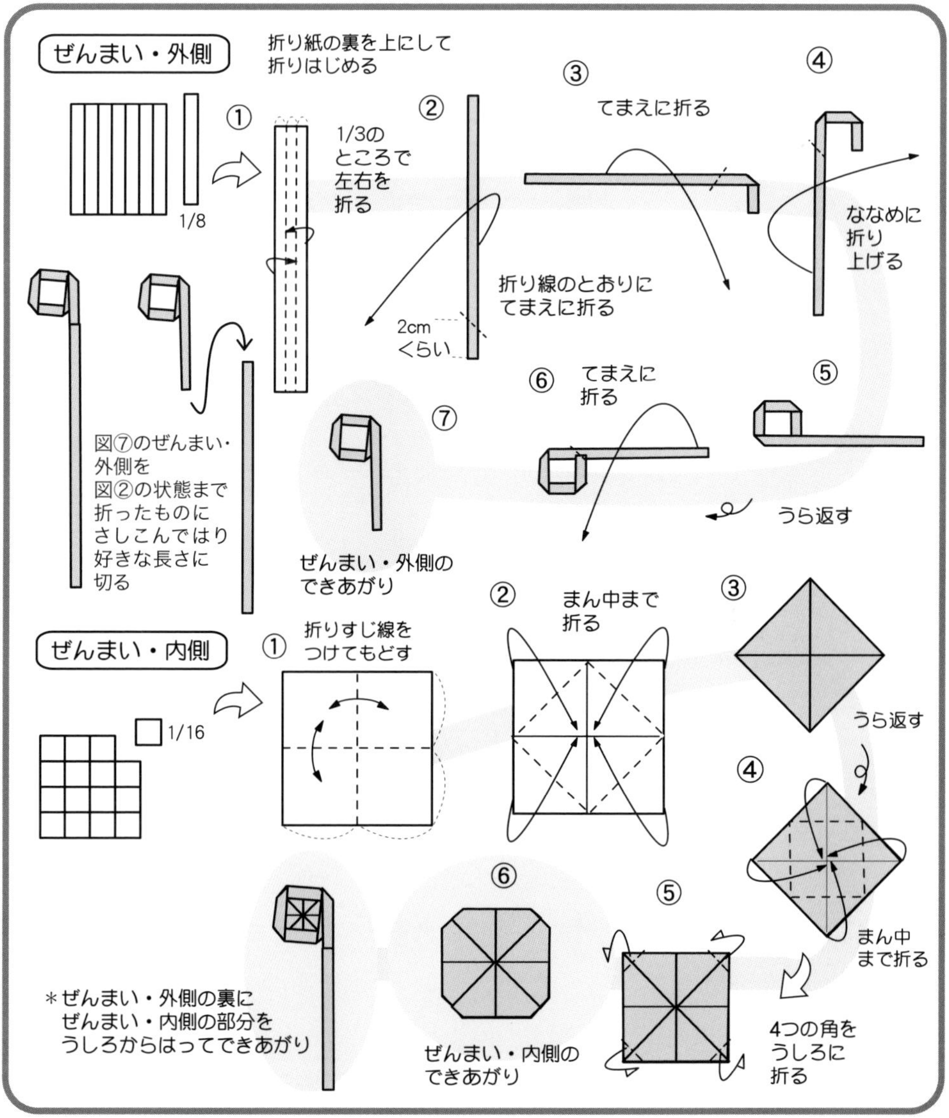

ぜんまい・外側
1/8
折り紙の裏を上にして
折りはじめる
①
1/3の
ところで
左右を
折る
②
折り線のとおりに
てまえに折る
2cm
くらい
③
てまえに折る
④
ななめに
折り
上げる
⑤
うら返す
⑥
てまえに
折る
⑦
ぜんまい・外側の
できあがり
図⑦のぜんまい・
外側を
図②の状態まで
折ったものに
さしこんではり
好きな長さに
切る
ぜんまい・内側
1/16
①
折りすじ線を
つけてもどす
②
まん中まで
折る
③
うら返す
④
まん中
まで折る
⑤
4つの角を
うしろに
折る
⑥
ぜんまい・内側の
できあがり
＊ぜんまい・外側の裏に
ぜんまい・内側の部分を
うしろからはってできあがり

難易度 ★★

たけのこ

▶p.6

作品づくりのアドバイス

黄土色とうす茶色などの２枚の折り紙を重ねて使い、表を外側にしてきっちり合わせて折ります。折り幅によって、形を自由に工夫してみましょう。

使う折り紙：黄土 １枚、うす茶 １枚

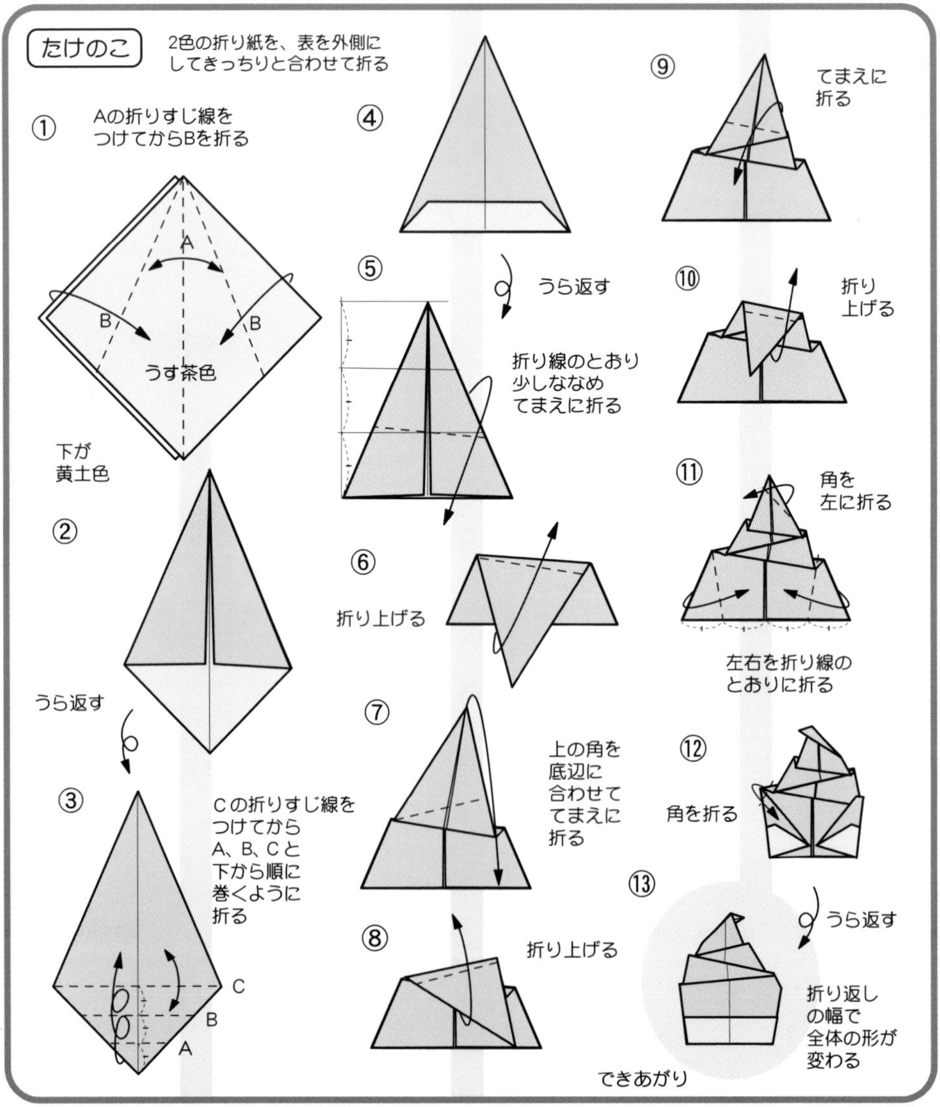

たけのこ
2色の折り紙を、表を外側にしてきっちりと合わせて折る
①
Aの折りすじ線をつけてからBを折る
A
B
B
うす茶色
下が黄土色
②
うら返す
③
Cの折りすじ線をつけてからA、B、Cと下から順に巻くように折る
C
B
A
④
⑤
うら返す
折り線のとおり少しななめてまえに折る
⑥
折り上げる
⑦
上の角を底辺に合わせててまえに折る
⑧
折り上げる
⑨
てまえに折る
⑩
折り上げる
⑪
角を左に折る
左右を折り線のとおりに折る
⑫
角を折る
⑬
うら返す
折り返しの幅で全体の形が変わる
できあがり

いちご

▶p.7

作品づくりのアドバイス

いちごには15cm角の1/4の大きさの折り紙を使うと、実物大になります。ヘタは細かいので、最初に大きな折り紙を使って、練習しましょう。

使う折り紙：赤 1枚、緑 1/4枚

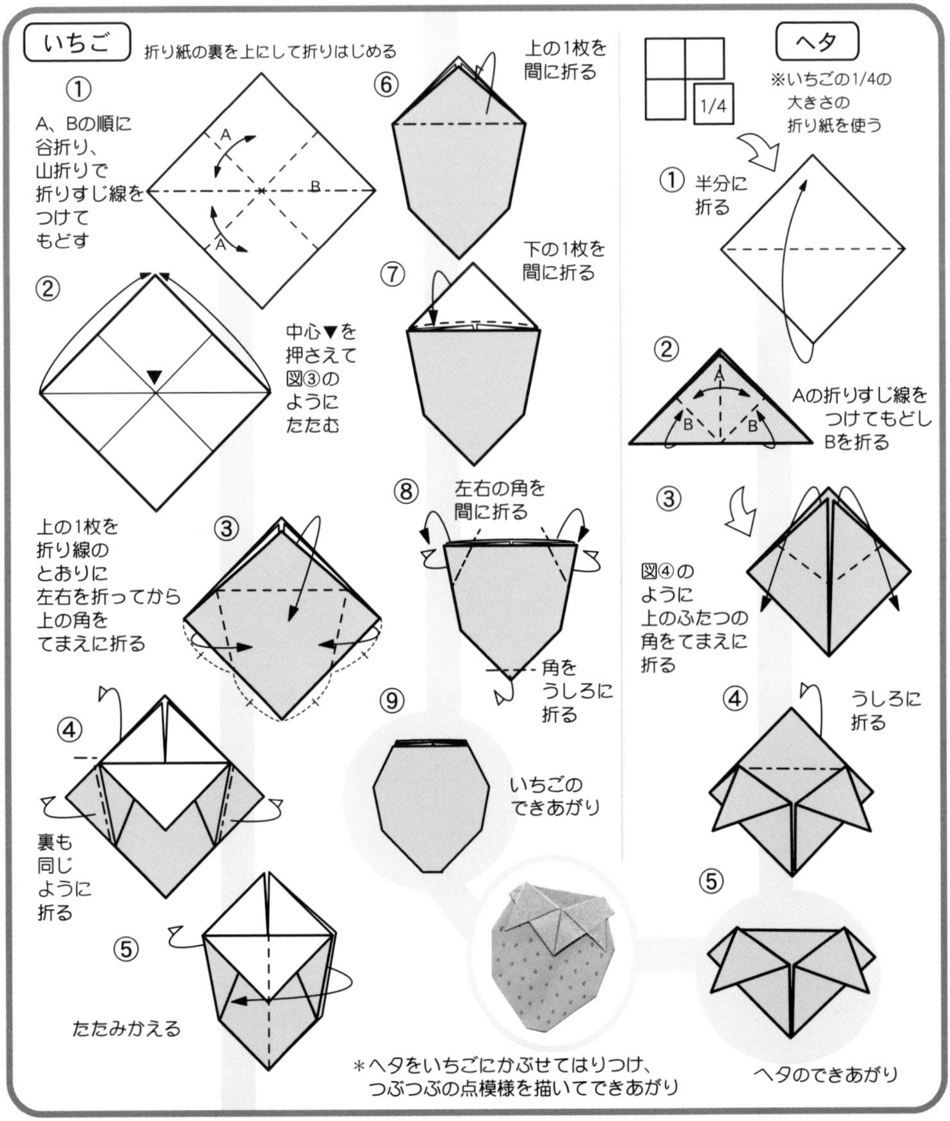

いちご
折り紙の裏を上にして折りはじめる
①
A、Bの順に谷折り、山折りで折りすじ線をつけてもどす
A
B
A
②
中心▼を押さえて図③のようにたたむ
③
上の1枚を折り線のとおりに左右を折ってから上の角をてまえに折る
④
裏も同じように折る
⑤
たたみかえる
⑥
上の1枚を間に折る
⑦
下の1枚を間に折る
⑧
左右の角を間に折る
角をうしろに折る
⑨
いちごのできあがり
ヘタ
1/4
※いちごの1/4の大きさの折り紙を使う
①
半分に折る
②
Aの折りすじ線をつけてもどしBを折る
A
B
B
③
図④のように上のふたつの角をてまえに折る
④
うしろに折る
⑤
ヘタのできあがり
＊ヘタをいちごにかぶせてはりつけ、つぶつぶの点模様を描いてできあがり

難易度 ★★

ミニトマト

▶p.8

作品づくりのアドバイス

15㎝角の1/9の大きさの折り紙を使うと、ミニトマトができます。15㎝角の折り紙を使うと、普通の大きさのトマトになります。

使う折り紙：赤／黄 1枚、緑 1/4枚

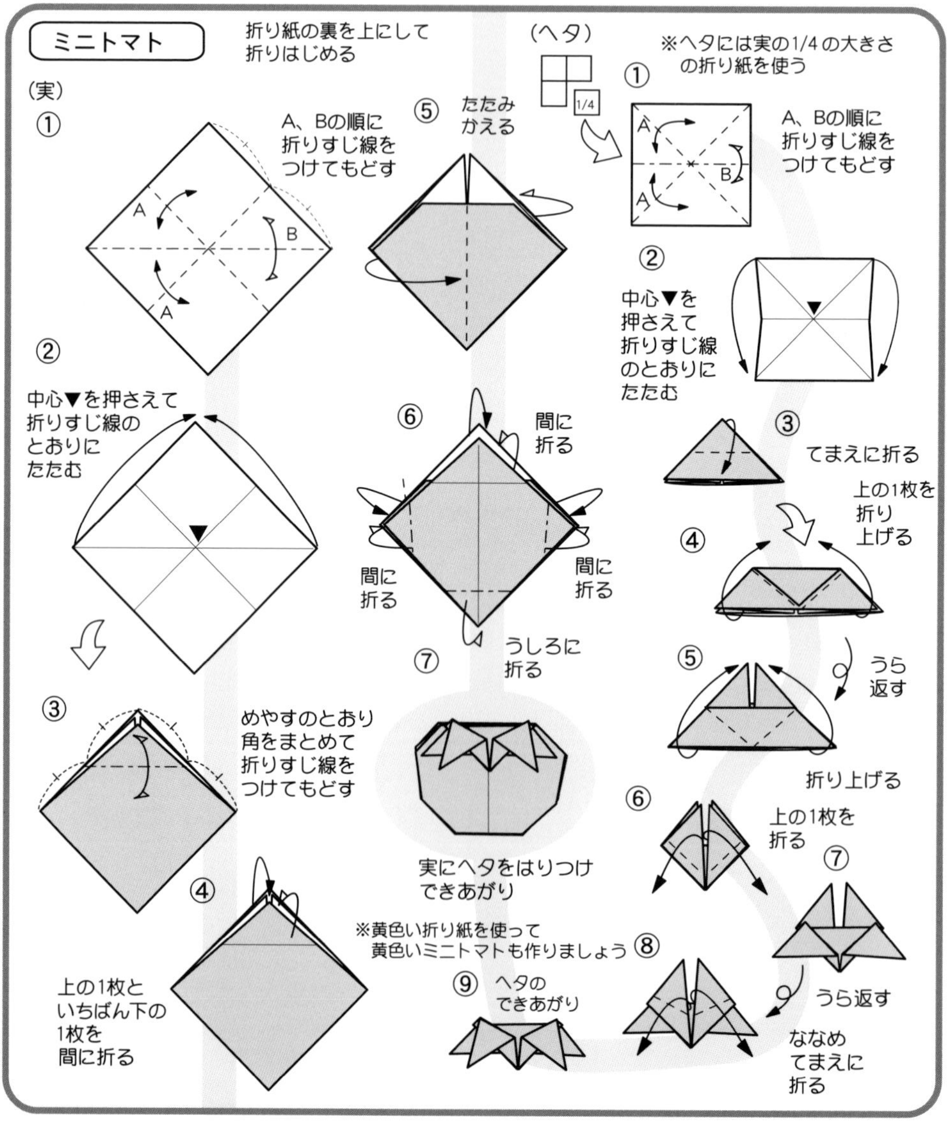
ミニトマト
折り紙の裏を上にして
折りはじめる
(実)
①
A、Bの順に
折りすじ線を
つけてもどす
A
B
A
②
中心▼を押さえて
折りすじ線の
とおりに
たたむ
③
めやすのとおり
角をまとめて
折りすじ線を
つけてもどす
④
上の1枚と
いちばん下の
1枚を
間に折る
⑤
たたみ
かえる
⑥
間に
折る
間に
折る
間に
折る
うしろに
折る
⑦
実にヘタをはりつけ
できあがり
※黄色い折り紙を使って
黄色いミニトマトも作りましょう
(ヘタ)
1/4
※ヘタには実の1/4の大きさ
の折り紙を使う
①
A、Bの順に
折りすじ線を
つけてもどす
A
A
B
②
中心▼を
押さえて
折りすじ線
のとおりに
たたむ
③
てまえに折る
上の1枚を
折り
上げる
④
⑤
うら
返す
折り上げる
⑥
上の1枚を
折る
⑦
うら返す
⑧
ななめ
てまえに
折る
⑨
ヘタの
できあがり

難易度 ★★

きゅうり

▶p.8

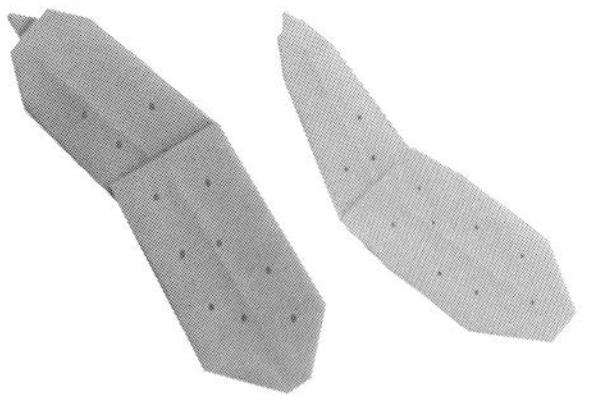

作品づくりのアドバイス

きゅうりは、緑や黄緑など、好きな折り紙で折りましょう。曲がり方を工夫して、最後にポツポツ模様を描きます。

使う折り紙：緑／黄緑 1/2×２枚

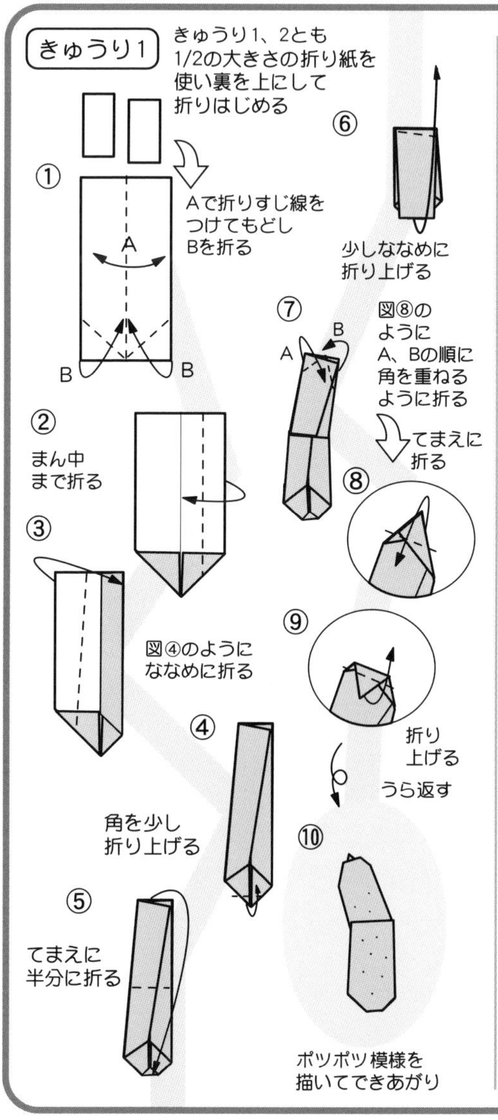

きゅうり1
きゅうり1、2とも
1/2の大きさの折り紙を
使い裏を上にして
折りはじめる
①
Aで折りすじ線を
つけてもどし
Bを折る
A
B
B
②
まん中
まで折る
③
図④のように
ななめに折る
④
角を少し
折り上げる
⑤
てまえに
半分に折る
⑥
少しななめに
折り上げる
⑦
図⑧の
ように
A、Bの順に
角を重ねる
ように折る
A
B
てまえに
折る
⑧
⑨
折り
上げる
うら返す
⑩
ポツポツ模様を
描いてできあがり

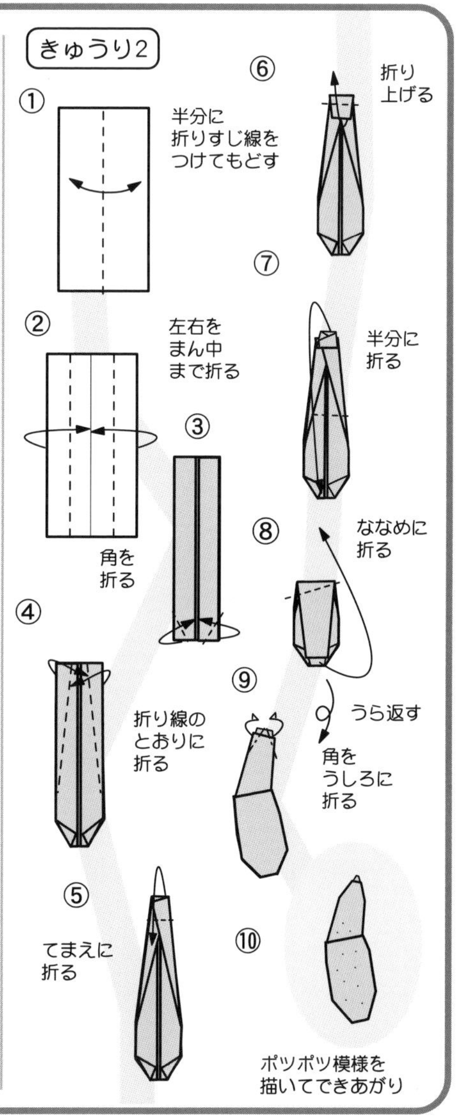

きゅうり2
①
半分に
折りすじ線を
つけてもどす
②
左右を
まん中
まで折る
③
角を
折る
④
折り線の
とおりに
折る
⑤
てまえに
折る
⑥
折り
上げる
⑦
半分に
折る
⑧
ななめに
折る
⑨
うら返す
角を
うしろに
折る
⑩
ポツポツ模様を
描いてできあがり

なす

▶p.9

作品づくりのアドバイス

なすの太さは、折り図④のAとBの幅で変えられます。なすの丸みは、折り図⑤の角の折り方で変えられます。

使う折り紙：紫 1枚、深緑 1/4枚

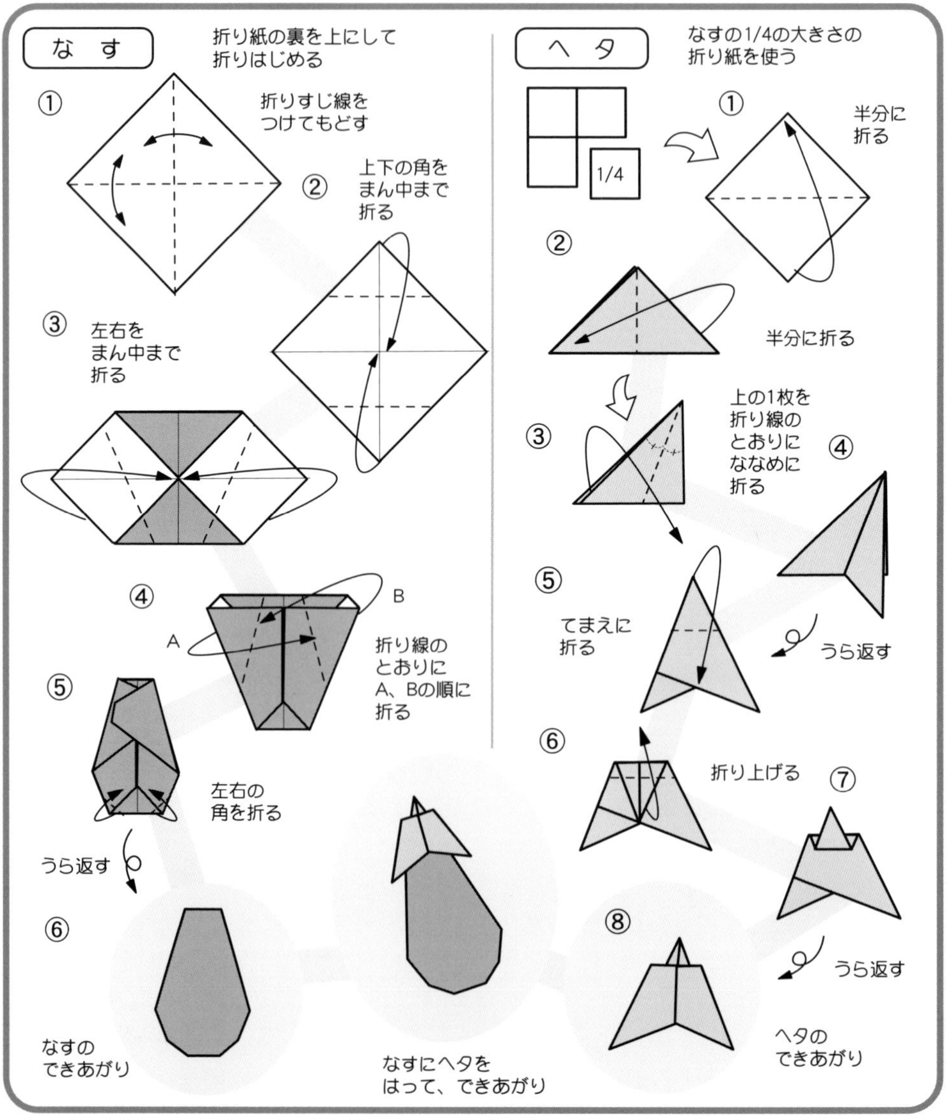

なす
折り紙の裏を上にして折りはじめる
①
折りすじ線をつけてもどす
②
上下の角をまん中まで折る
③
左右をまん中まで折る
④
A
B
折り線のとおりにA、Bの順に折る
⑤
左右の角を折る
うら返す
⑥
なすのできあがり
ヘタ
なすの1/4の大きさの折り紙を使う
1/4
①
半分に折る
②
半分に折る
③
上の1枚を折り線のとおりにななめに折る
④
うら返す
⑤
てまえに折る
⑥
折り上げる
⑦
うら返す
⑧
ヘタのできあがり
なすにヘタをはって、できあがり

ピーマン

▶p.9

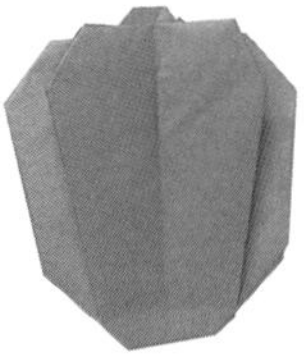

作品づくりのアドバイス

折り図②の所は、A、B、Cの順に、ひと折りずつ、ていねいに折ります。赤、黄、だいだいなどで、パプリカも作ってみましょう。

使う折り紙：緑／赤／黄／だいだい 1枚

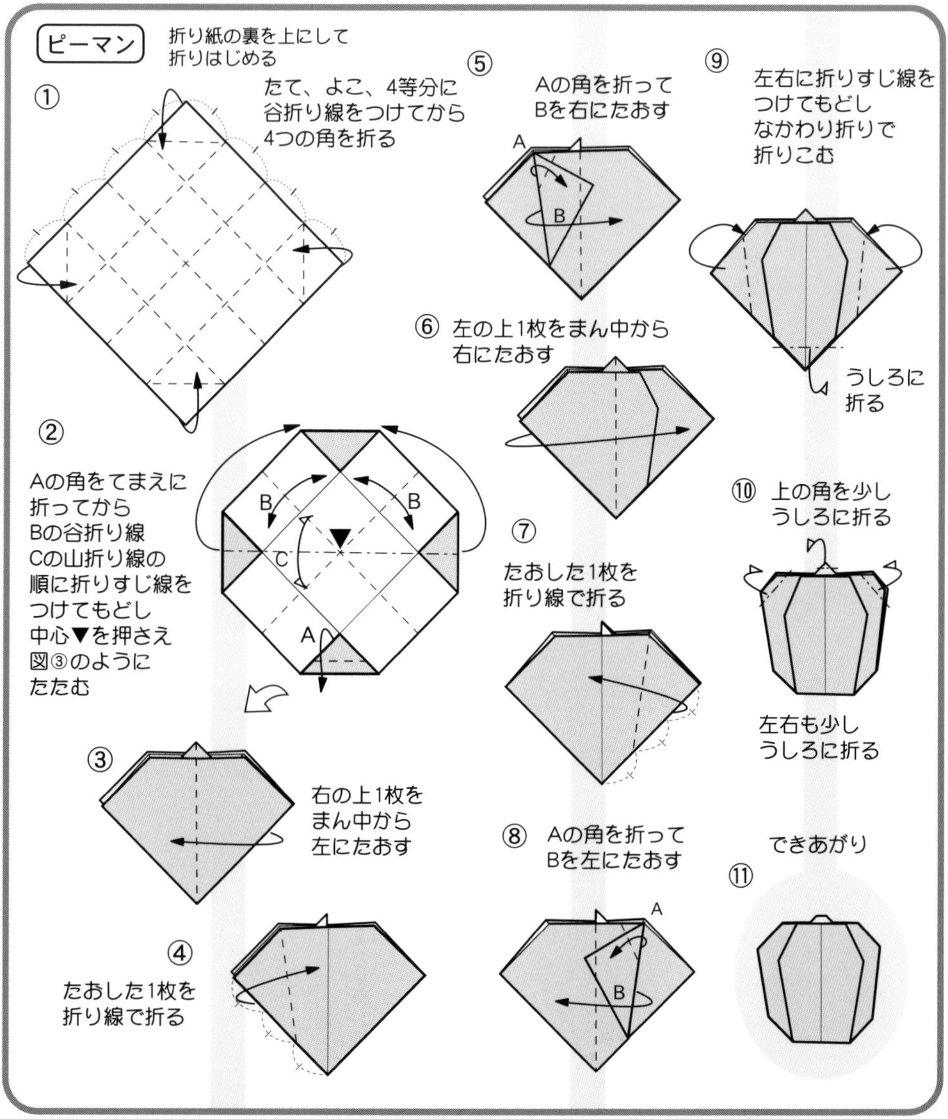

ピーマン
折り紙の裏を上にして
折りはじめる
①
たて、よこ、4等分に
谷折り線をつけてから
4つの角を折る
②
Aの角をてまえに
折ってから
Bの谷折り線
Cの山折り線の
順に折りすじ線を
つけてもどし
中心▼を押さえ
図③のように
たたむ
A
B
B
C
③
右の上1枚を
まん中から
左にたおす
④
たおした1枚を
折り線で折る
⑤
Aの角を折って
Bを右にたおす
A
B
⑥
左の上1枚をまん中から
右にたおす
⑦
たおした1枚を
折り線で折る
⑧
Aの角を折って
Bを左にたおす
A
B
⑨
左右に折りすじ線を
つけてもどし
なかわり折りで
折りこむ
うしろに
折る
⑩
上の角を少し
うしろに折る
左右も少し
うしろに折る
できあがり
⑪

難易度　★★

びわ ▶p.10

作品づくりのアドバイス

実に15㎝角の折り紙を使う場合は、葉には10㎝角の折り紙を使います。びわの形は、折り幅の加減で、自由に変えられます。

使う折り紙：だいだい 1枚、深緑 1枚

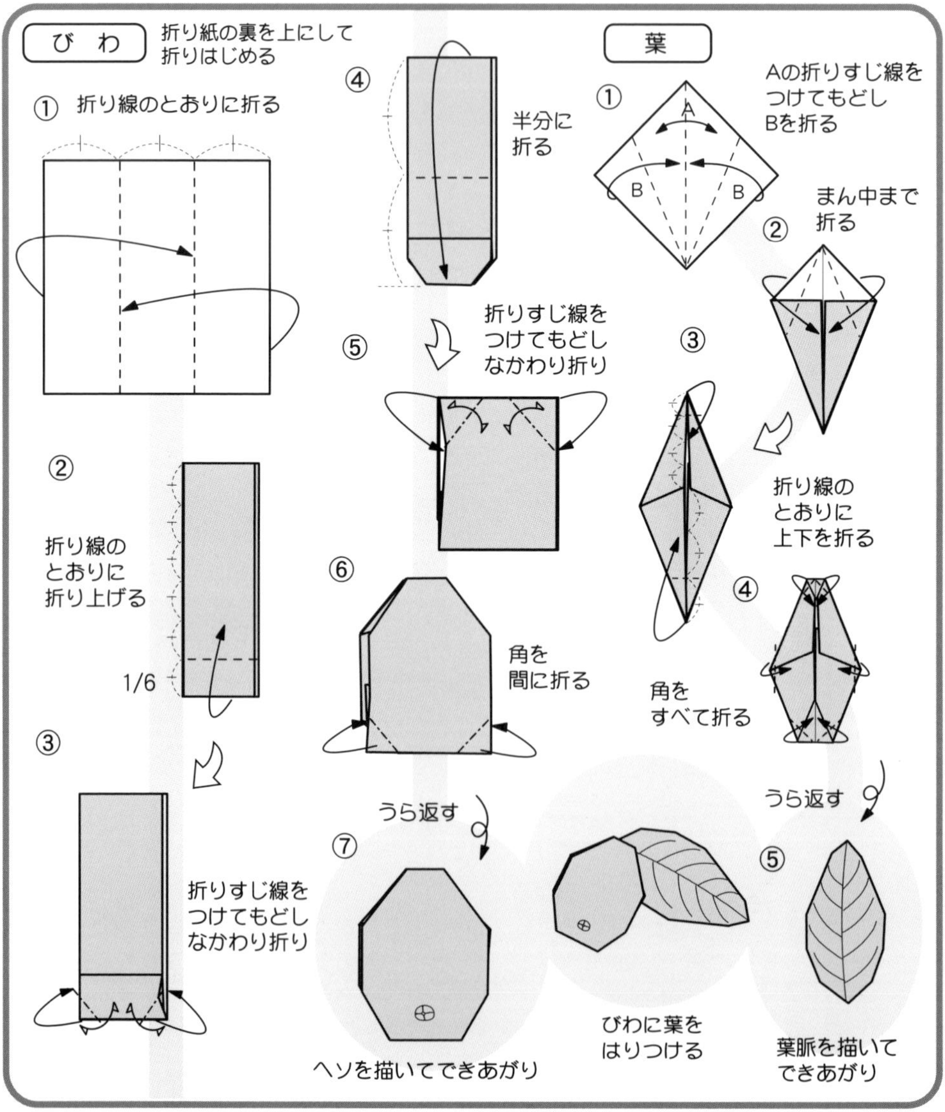

びわ
折り紙の裏を上にして
折りはじめる
① 折り線のとおりに折る
②
折り線の
とおりに
折り上げる
1/6
③
折りすじ線を
つけてもどし
なかわり折り
④
半分に
折る
⑤
折りすじ線を
つけてもどし
なかわり折り
⑥
角を
間に折る
⑦
うら返す
ヘソを描いてできあがり
葉
①
A
B
B
Aの折りすじ線を
つけてもどし
Bを折る
②
まん中まで
折る
③
折り線の
とおりに
上下を折る
④
角を
すべて折る
うら返す
⑤
葉脈を描いて
できあがり
びわに葉を
はりつける

難易度　★★

もも

▶p.10

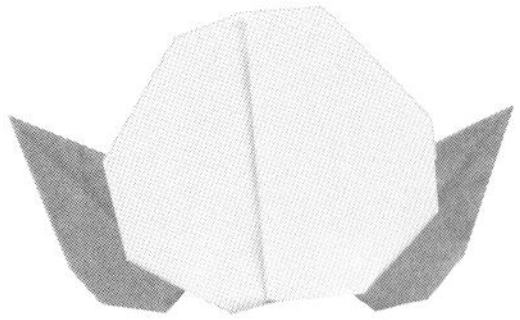

作品づくりのアドバイス

実をうすいピンクやクリーム色の折り紙で折り、葉を２枚折ってはりつけます。ももの大きさや丸みは、折り幅の加減で自由に調節できます。

使う折り紙：うすもも／クリーム １枚、緑 1/4×２枚

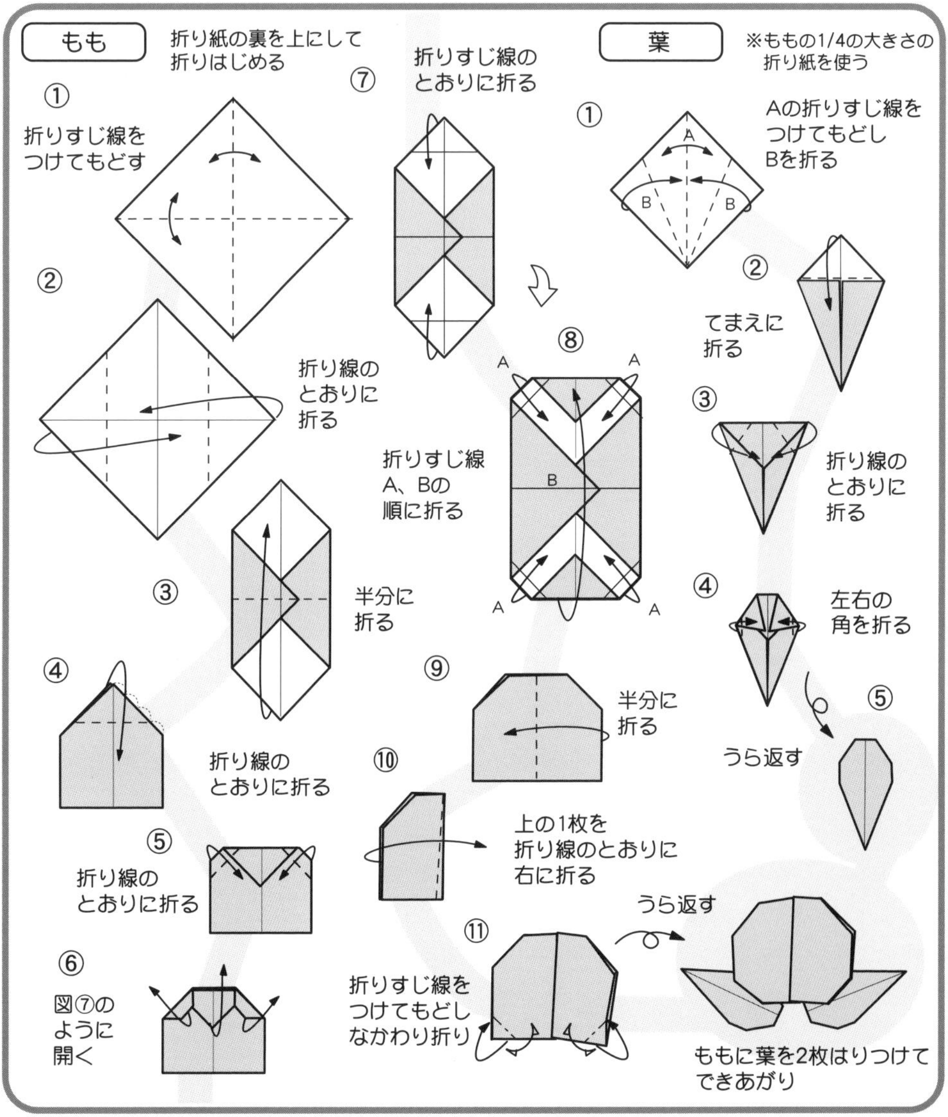

もも
折り紙の裏を上にして
折りはじめる
①
折りすじ線を
つけてもどす
②
折り線の
とおりに
折る
③
半分に
折る
④
折り線の
とおりに折る
⑤
折り線の
とおりに折る
⑥
図⑦の
ように
開く
⑦
折りすじ線の
とおりに折る
⑧
A
B
折りすじ線
A、Bの
順に折る
⑨
半分に
折る
⑩
上の1枚を
折り線のとおりに
右に折る
⑪
折りすじ線を
つけてもどし
なかわり折り
うら返す
ももに葉を2枚はりつけて
できあがり
葉
※ももの1/4の大きさの
折り紙を使う
①
A
B
Aの折りすじ線を
つけてもどし
Bを折る
②
てまえに
折る
③
折り線の
とおりに
折る
④
左右の
角を折る
うら返す
⑤

難易度 ★

すいか

▶p.11

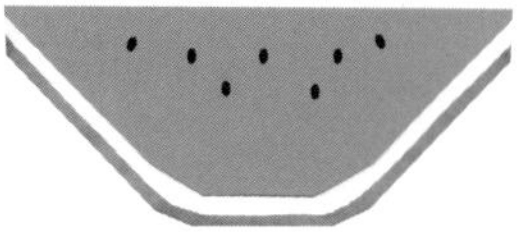

作品づくりのアドバイス

皮の部分を作るために、折り図②の所で1㎝ずらして折ります。皮は緑色のペンで描きます。黄色の折り紙で、黄色いすいかも作りましょう。

使う折り紙：赤／黄 1枚

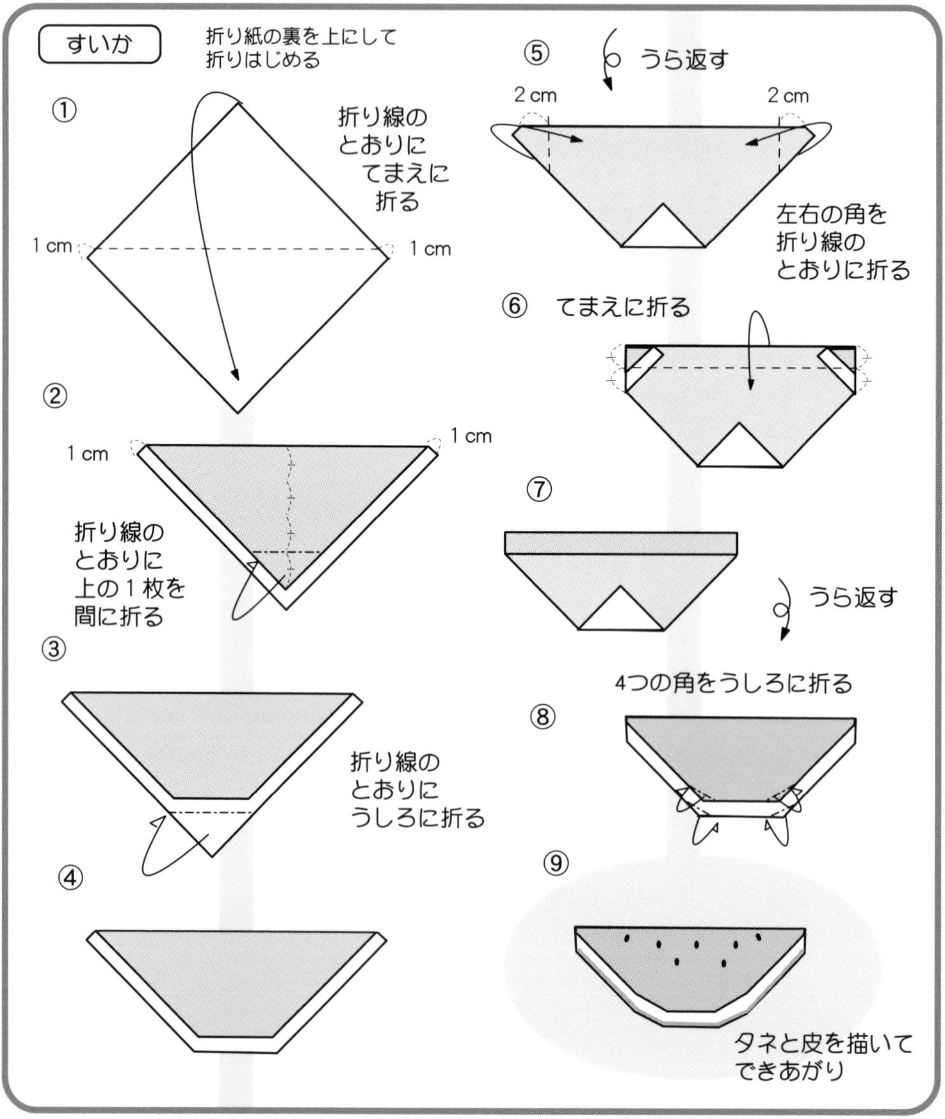
すいか
折り紙の裏を上にして折りはじめる
①
折り線のとおりにてまえに折る
1 cm
1 cm
②
1 cm
1 cm
折り線のとおりに上の1枚を間に折る
③
折り線のとおりにうしろに折る
④
⑤
うら返す
2 cm
2 cm
左右の角を折り線のとおりに折る
⑥ てまえに折る
⑦
うら返す
4つの角をうしろに折る
⑧
⑨
タネと皮を描いてできあがり

にんじん

▶p.12

作品づくりのアドバイス

にんじんの形や太さは、折り図④の折り幅で変えられるので、好きなように工夫して、自由に折りだしてみましょう。

使う折り紙：だいだい／オレンジ 1枚、緑 1/4枚

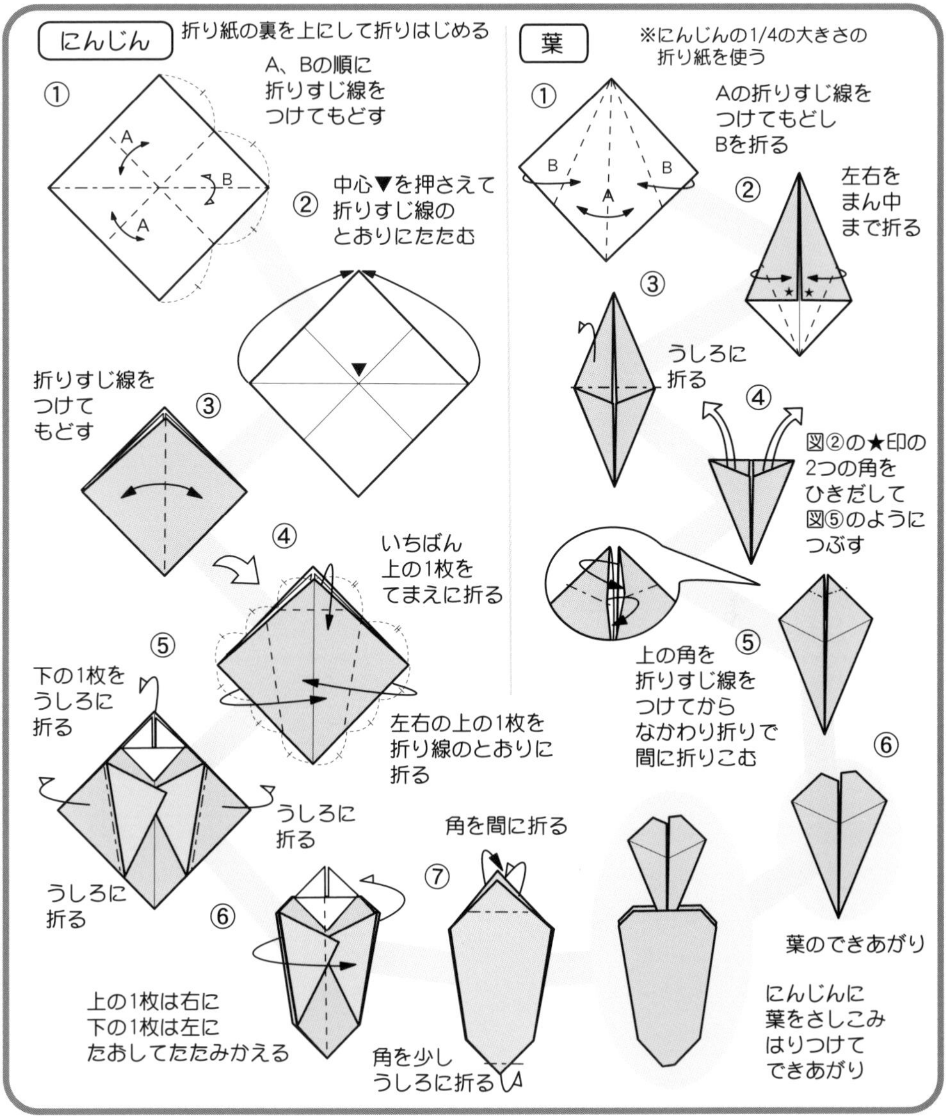

にんじん
折り紙の裏を上にして折りはじめる
①
A、Bの順に
折りすじ線を
つけてもどす
A
B
A
②
中心▼を押さえて
折りすじ線の
とおりにたたむ
③
折りすじ線を
つけて
もどす
④
いちばん
上の1枚を
てまえに折る
左右の上の1枚を
折り線のとおりに
折る
⑤
下の1枚を
うしろに
折る
うしろに
折る
うしろに
折る
⑥
上の1枚は右に
下の1枚は左に
たおしてたたみかえる
⑦
角を間に折る
角を少し
うしろに折る
葉
※にんじんの1/4の大きさの
折り紙を使う
①
Aの折りすじ線を
つけてもどし
Bを折る
B
B
A
②
左右を
まん中
まで折る
③
うしろに
折る
④
図②の★印の
2つの角を
ひきだして
図⑤のようにつぶす
⑤
上の角を
折りすじ線を
つけてから
なかわり折りで
間に折りこむ
⑥
葉のできあがり
にんじんに
葉をさしこみ
はりつけて
できあがり

かぶ

▶p.12

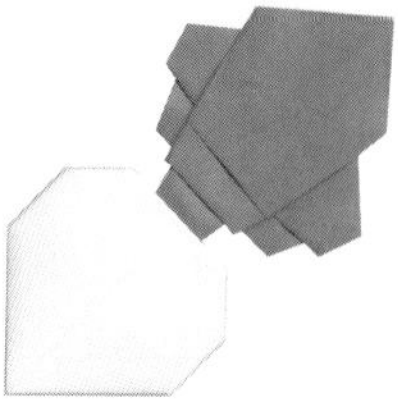

作品づくりのアドバイス

葉は、緑や深緑などの折り紙で折ります。葉の幅を折り図⑦〜⑩の折り方で調節し、上手にふさふさ感をだしましょう。

使う折り紙：白 1枚、緑 1枚

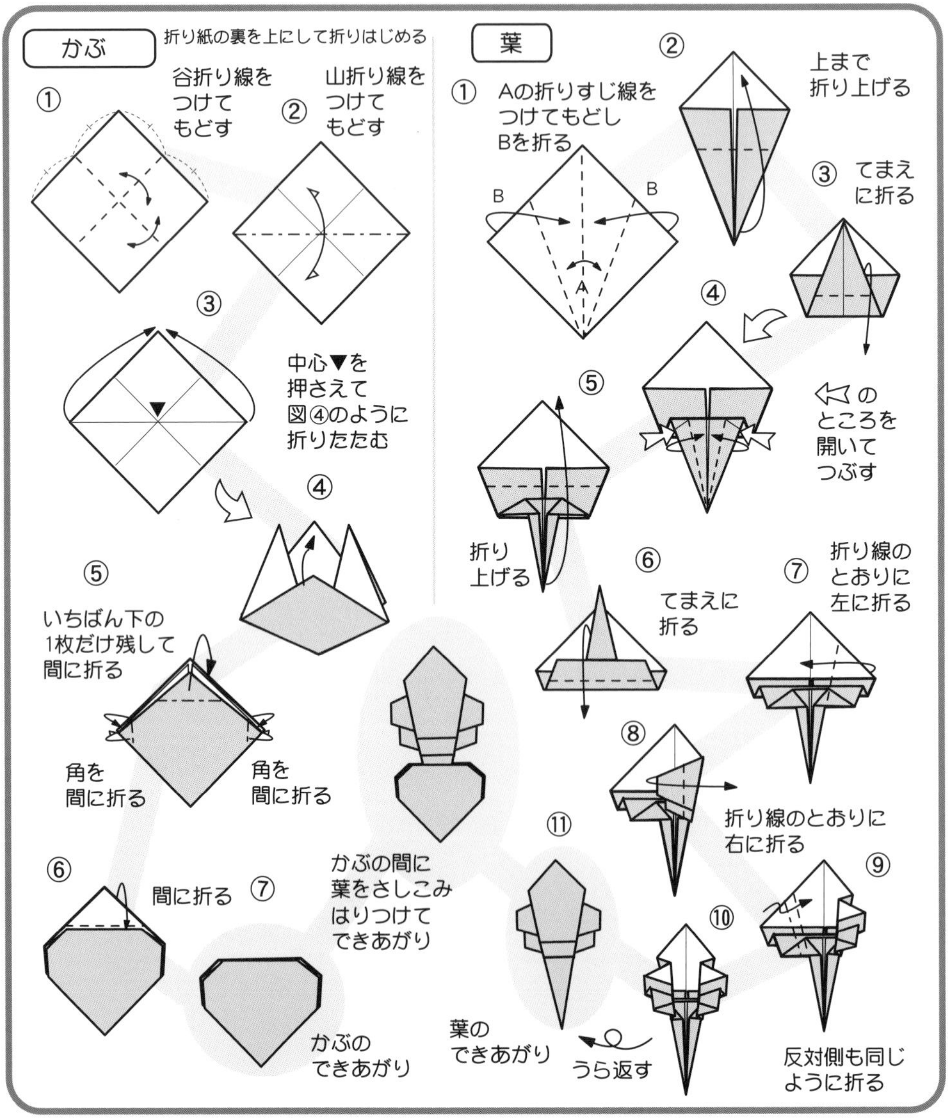

かぶ
折り紙の裏を上にして折りはじめる
① 谷折り線をつけてもどす
② 山折り線をつけてもどす
③ 中心▼を押さえて図④のように折りたたむ
④
⑤ いちばん下の1枚だけ残して間に折る
角を間に折る
角を間に折る
⑥ 間に折る
⑦
かぶのできあがり
かぶの間に葉をさしこみはりつけてできあがり
葉
① Aの折りすじ線をつけてもどしBを折る
B
B
A
② 上まで折り上げる
③ てまえに折る
④ ⇦の ところを開いてつぶす
⑤ 折り上げる
⑥ てまえに折る
⑦ 折り線のとおりに左に折る
⑧ 折り線のとおりに右に折る
⑨ 反対側も同じように折る
⑩ うら返す
⑪ 葉のできあがり

難易度　★★

ラディッシュ

▶p.12

作品づくりのアドバイス

54pのかぶの1/4の大きさの、赤系の折り紙を使うと、小さなラディッシュになります。
葉は、緑や深緑などの折り紙で折りましょう。

使う折り紙：赤／えんじ 1枚、緑 2枚

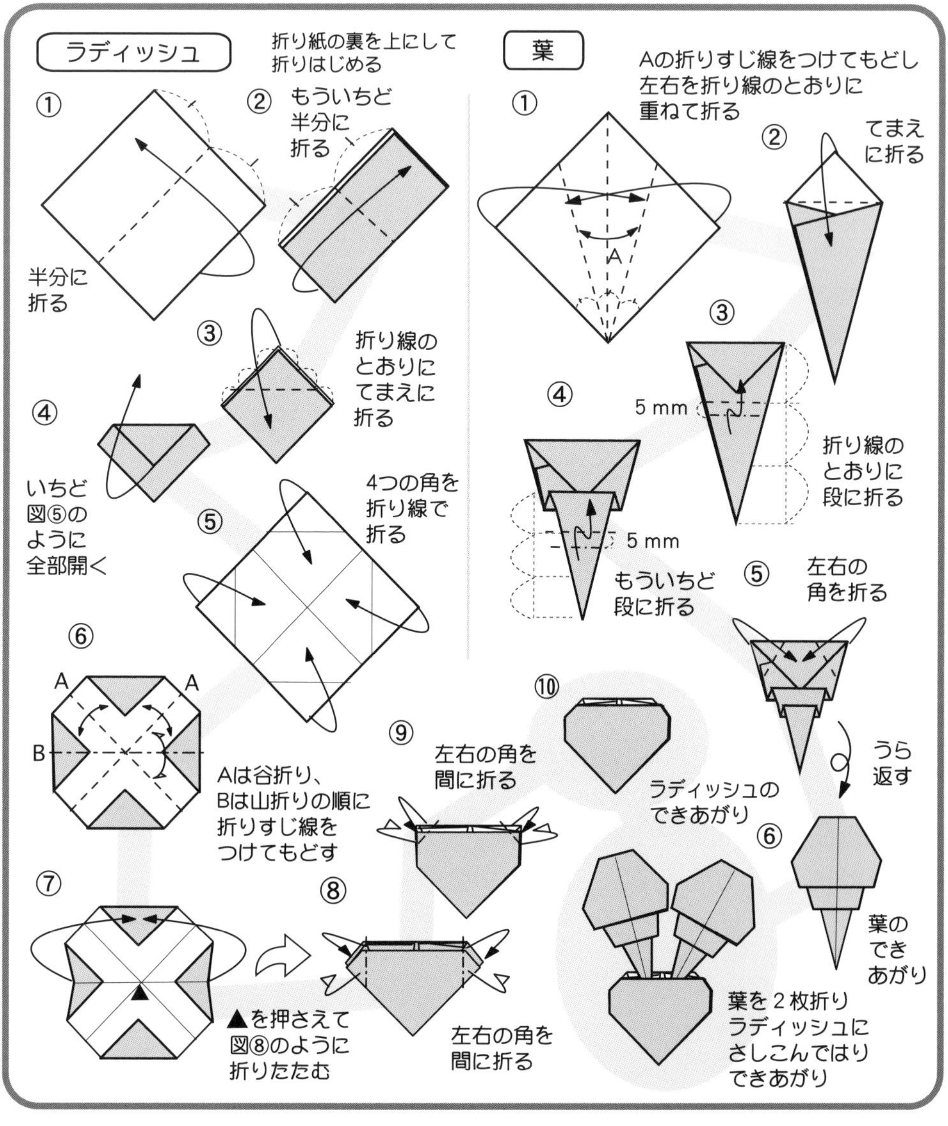
ラディッシュ
折り紙の裏を上にして折りはじめる
①
半分に折る
②
もういちど半分に折る
③
折り線のとおりにてまえに折る
④
いちど図⑤のように全部開く
⑤
4つの角を折り線で折る
⑥
A
A
B
Aは谷折り、Bは山折りの順に折りすじ線をつけてもどす
⑦
▲を押さえて図⑧のように折りたたむ
⑧
左右の角を間に折る
⑨
左右の角を間に折る
⑩
ラディッシュのできあがり
葉
①
Aの折りすじ線をつけてもどし左右を折り線のとおりに重ねて折る
A
②
てまえに折る
③
5 mm
折り線のとおりに段に折る
④
5 mm
もういちど段に折る
⑤
左右の角を折る
うら返す
⑥
葉のできあがり
葉を2枚折りラディッシュにさしこんではりできあがり

難易度　★★

かぼちゃ

▶p.13

作品づくりのアドバイス

かぼちゃのヘタの部分は細かいので、指先を使って、ていねいに折ります。断面のタネや緑の皮を自由に描いて仕上げましょう。

使う折り紙：緑系 1枚、黄 1枚

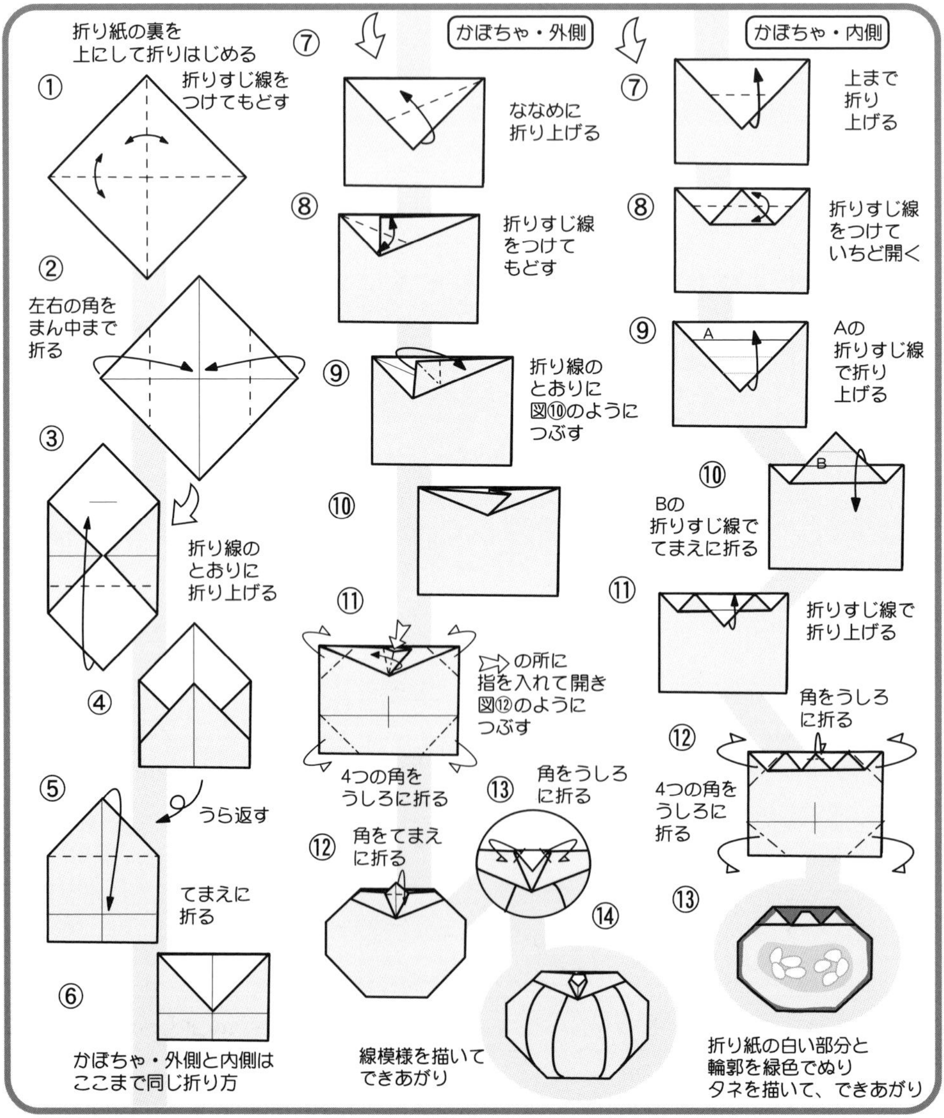

折り紙の裏を
上にして折りはじめる
①
折りすじ線を
つけてもどす
②
左右の角を
まん中まで
折る
③
折り線の
とおりに
折り上げる
④
⑤
うら返す
てまえに
折る
⑥
かぼちゃ・外側と内側は
ここまで同じ折り方
かぼちゃ・外側
⑦
ななめに
折り上げる
⑧
折りすじ線
をつけて
もどす
⑨
折り線の
とおりに
図⑩のように
つぶす
⑩
⑪
の所に
指を入れて開き
図⑫のように
つぶす
4つの角を
うしろに折る
⑫
角をてまえ
に折る
⑬
角をうしろ
に折る
⑭
線模様を描いて
できあがり
かぼちゃ・内側
⑦
上まで
折り
上げる
⑧
折りすじ線
をつけて
いちど開く
⑨
A
Aの
折りすじ線
で折り
上げる
⑩
B
Bの
折りすじ線で
てまえに折る
⑪
折りすじ線で
折り上げる
⑫
角をうしろ
に折る
4つの角を
うしろに
折る
⑬
折り紙の白い部分と
輪郭を緑色でぬり
タネを描いて、できあがり

さつまいも

▶p.13

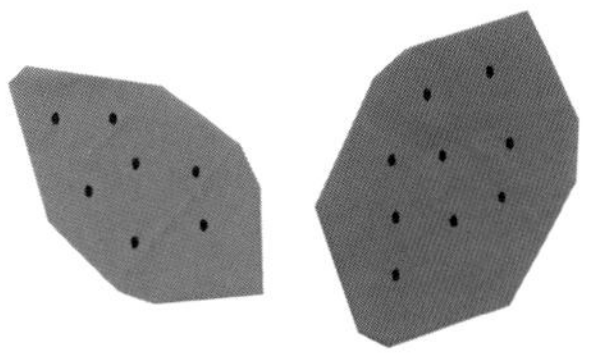

作品づくりのアドバイス

AとBは、折り図④まではどちらも同じ折り方です。折り方によって太さを調節したり、大きな折り紙で折ったりと、自由に楽しみましょう。

使う折り紙：紫系 2枚

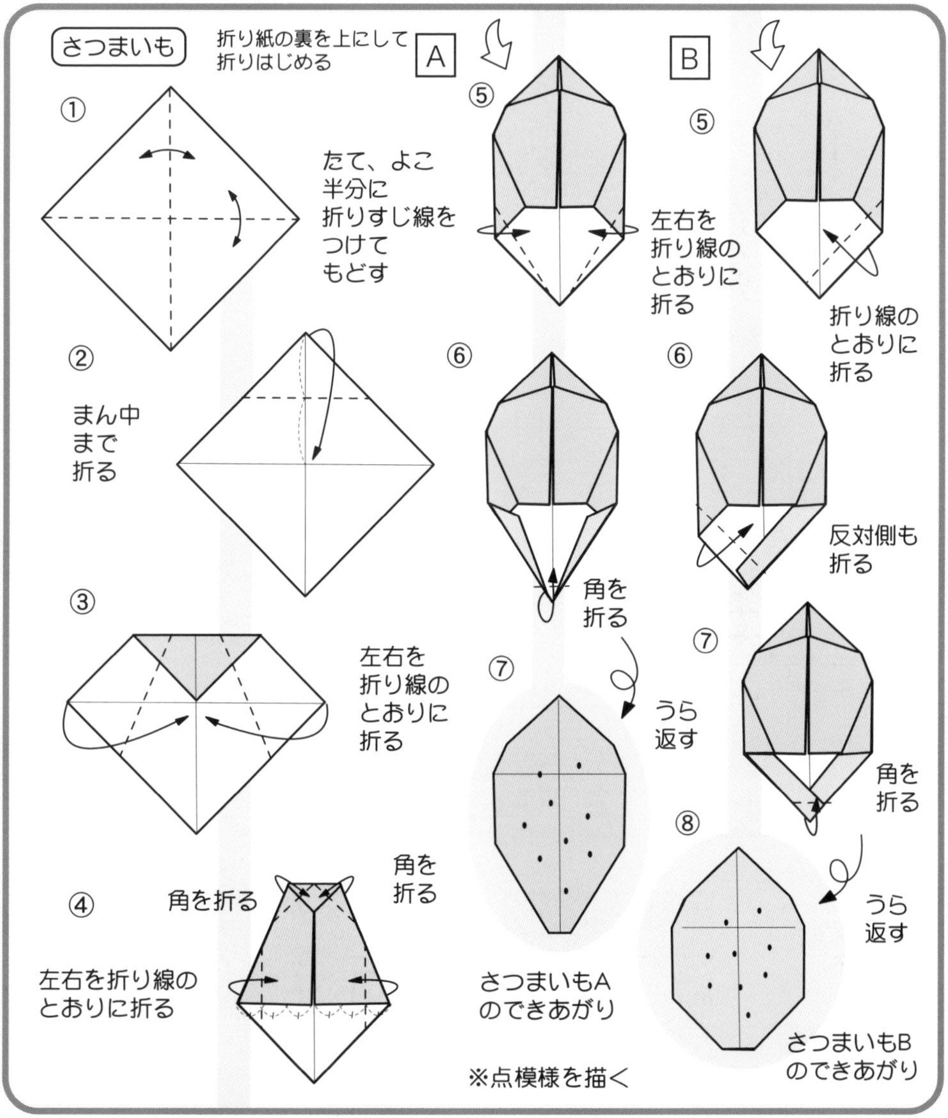

さつまいも
折り紙の裏を上にして
折りはじめる
①
たて、よこ
半分に
折りすじ線を
つけて
もどす
②
まん中
まで
折る
③
左右を
折り線の
とおりに
折る
④
角を折る
角を
折る
左右を折り線の
とおりに折る
A
⑤
左右を
折り線の
とおりに
折る
⑥
角を
折る
⑦
うら
返す
さつまいもA
のできあがり
※点模様を描く
B
⑤
折り線の
とおりに
折る
⑥
反対側も
折る
⑦
角を
折る
⑧
うら
返す
さつまいもB
のできあがり

難易度　★

さつまいものかご

▶p.13

作品づくりのアドバイス

茶系の２色の折り紙をきっちりと重ねて折り、最後に模様を描きます。いろいろな大きさのさつまいもを折って、組み合わせて入れましょう。

使う折り紙：茶系　２枚

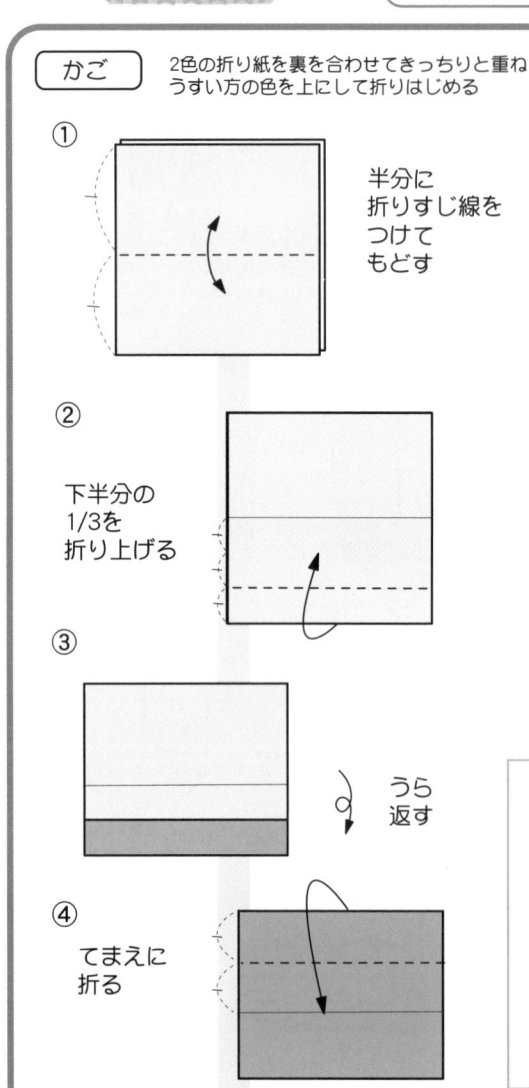

かご

2色の折り紙を裏を合わせてきっちりと重ね
うすい方の色を上にして折りはじめる

①

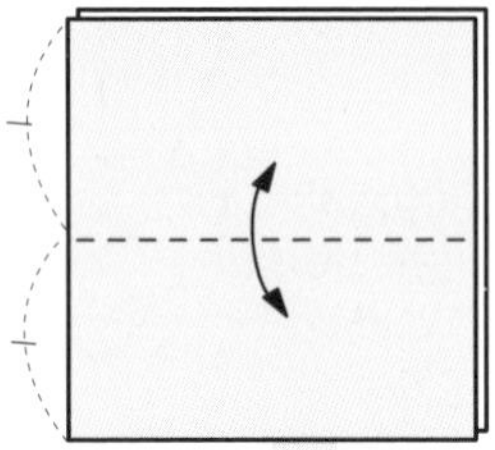

半分に
折りすじ線を
つけて
もどす

②

下半分の
1/3を
折り上げる

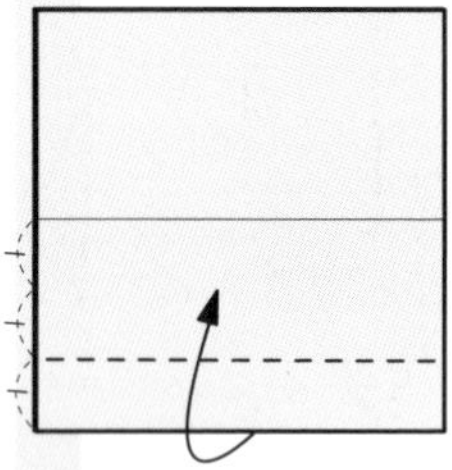

③

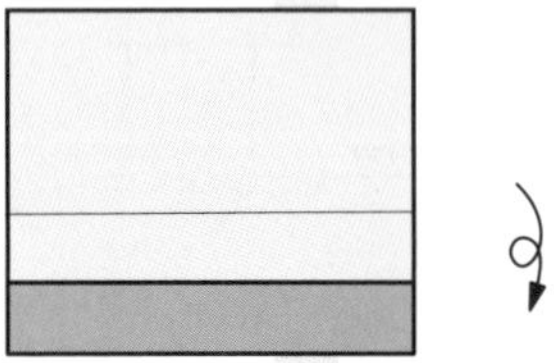

うら
返す

④

てまえに
折る

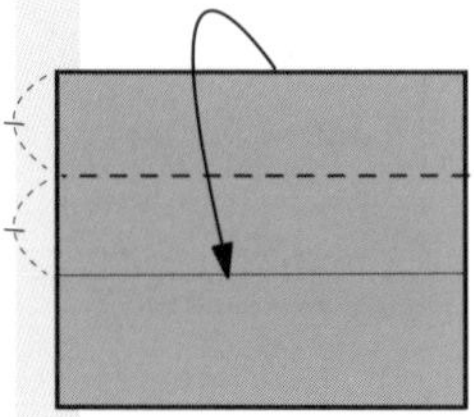

⑤

4つの角を
折り線のとおりに折る

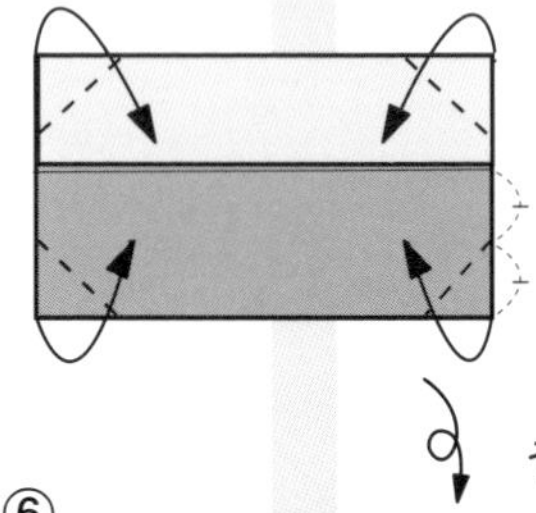

うら返す

⑥

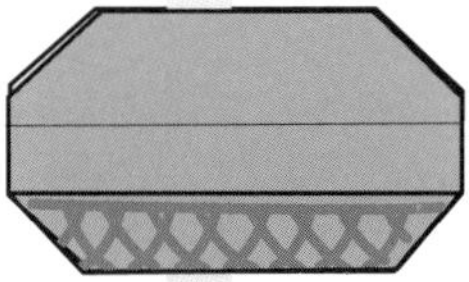

かごに模様を描いて
さつまいもを入れて
できあがり

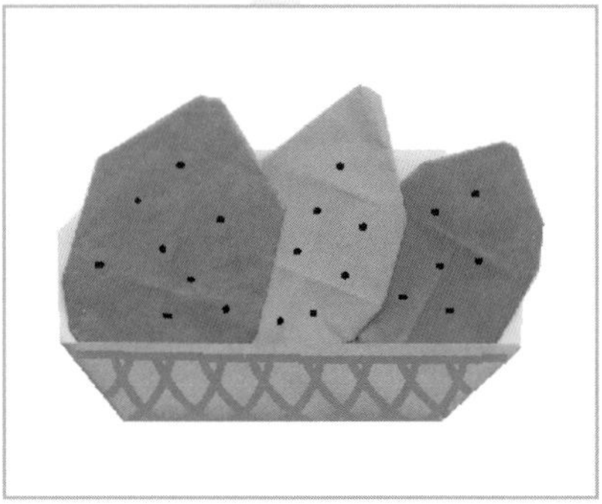

マツタケ

▶p.14

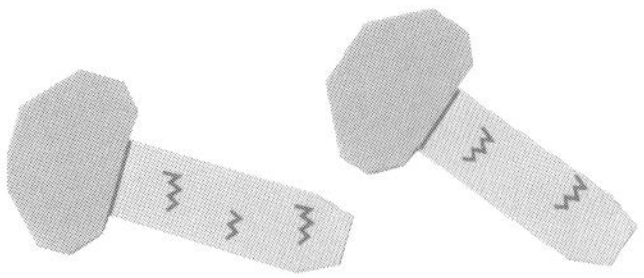

作品づくりのアドバイス

茶系の折り紙を使い、折り図⑦からの折り幅でかさの大きさを、折り図⑧で軸の長さを変えると、シイタケになります。

使う折り紙：こげ茶 1/2枚、うす茶 1/2枚

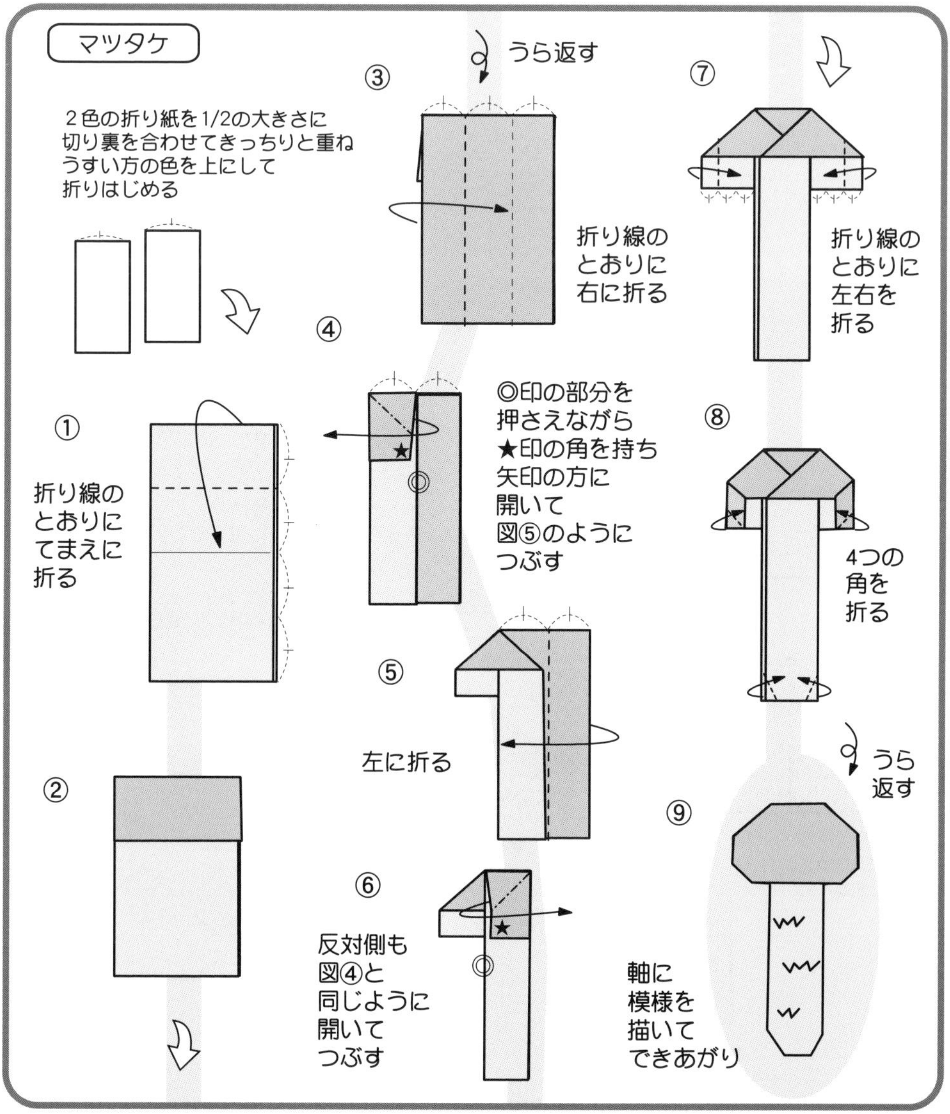

マツタケ
2色の折り紙を1/2の大きさに切り裏を合わせてきっちりと重ねうすい方の色を上にして折りはじめる
①
折り線のとおりにてまえに折る
②
③
うら返す
折り線のとおりに右に折る
④
◎印の部分を押さえながら★印の角を持ち矢印の方に開いて図⑤のようにつぶす
★
◎
⑤
左に折る
⑥
反対側も図④と同じように開いてつぶす
★
◎
⑦
折り線のとおりに左右を折る
⑧
4つの角を折る
うら返す
⑨
軸に模様を描いてできあがり

難易度　★★

くり

▶p.14

作品づくりのアドバイス

10㎝角の大きさの折り紙を使うと、実物大のくりができあがります。完成したくりを、立てて飾ったりして楽しみましょう。

使う折り紙：茶系 1枚、黄系 1枚

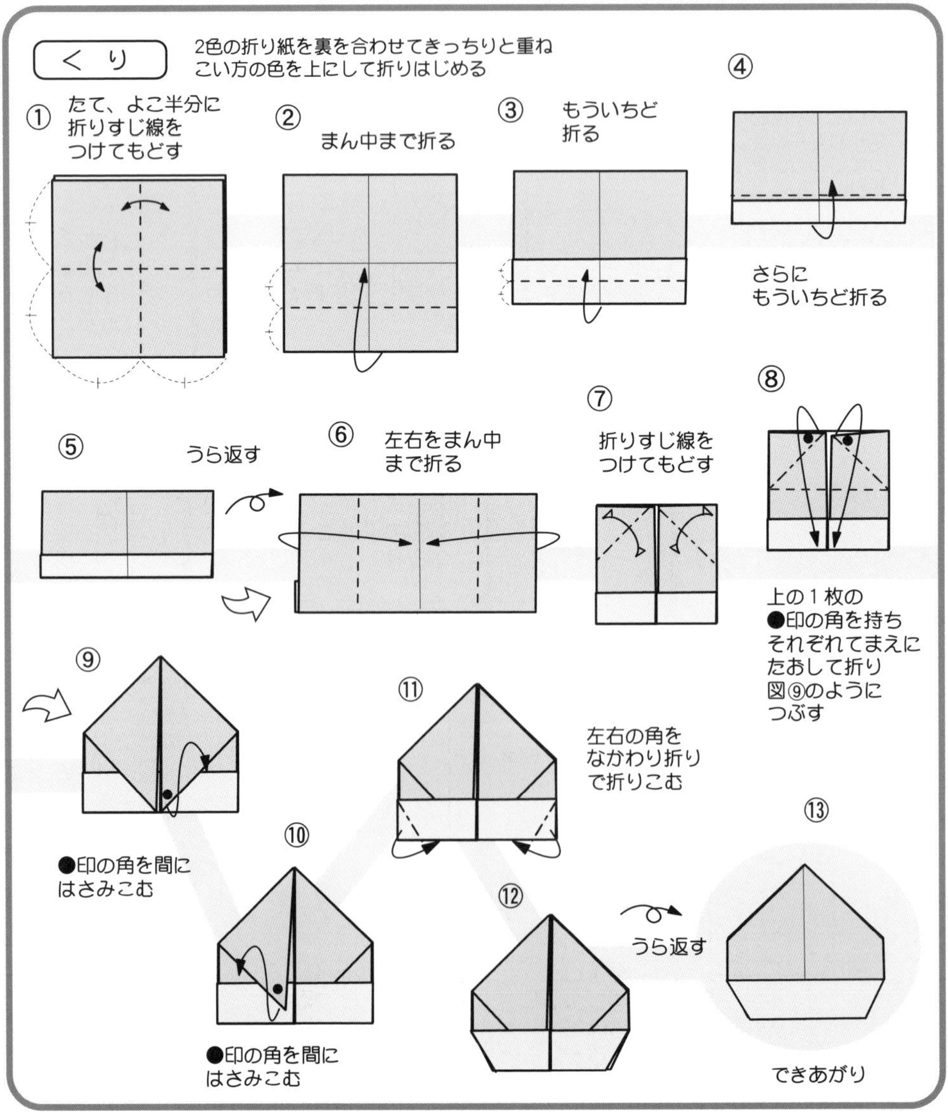

くり
2色の折り紙を裏を合わせてきっちりと重ね
こい方の色を上にして折りはじめる
①
たて、よこ半分に
折りすじ線を
つけてもどす
②
まん中まで折る
③
もういちど
折る
④
さらに
もういちど折る
⑤
うら返す
⑥
左右をまん中
まで折る
⑦
折りすじ線を
つけてもどす
⑧
上の1枚の
●印の角を持ち
それぞれてまえに
たおして折り
図⑨のように
つぶす
⑨
●印の角を間に
はさみこむ
⑩
●印の角を間に
はさみこむ
⑪
左右の角を
なかわり折り
で折りこむ
⑫
うら返す
⑬
できあがり

ぶどう

▶p.15

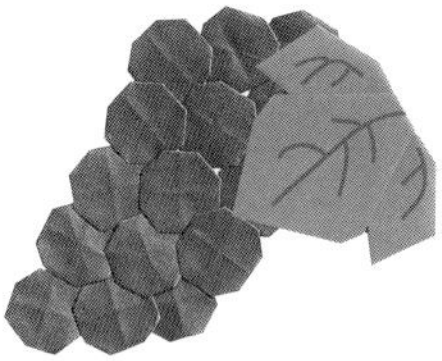

作品づくりのアドバイス

ぶどうの粒を黄緑色で折ると、マスカットになります。粒を15㎝角の1/16で折る場合は、葉は10㎝角の大きさにしましょう。

使う折り紙：紫／黄緑 1/16×12〜16枚、緑 1枚

ぶどう

折り紙の裏を上にして折りはじめる

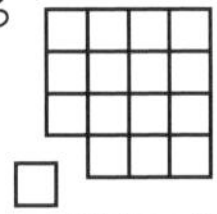

ぶどうの粒は15cm角の折り紙の1/16の大きさを使う

① 折りすじ線をつけてもどす

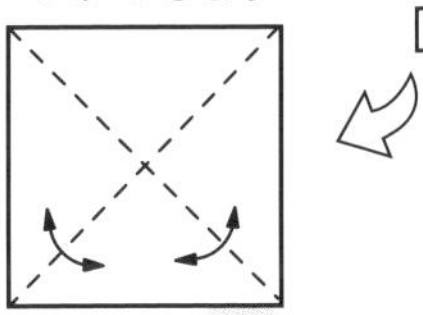

② 4つの角をまん中まで折る

③ めやすのとおり折りすじ線をつけてもどす

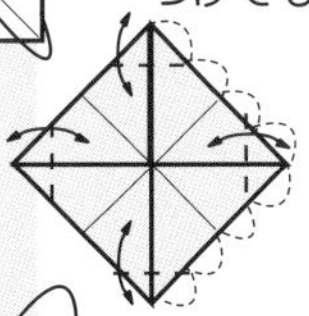

④ いちど開いて●印の4つの角を内側にたおして折りこみ図⑤のようにたたみかえる

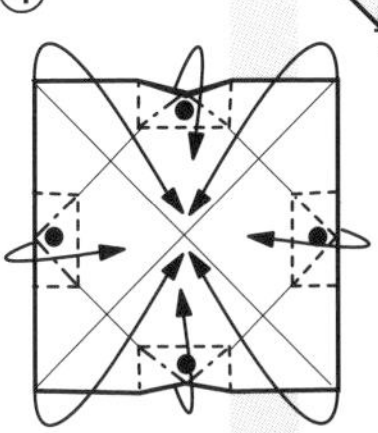

⑤

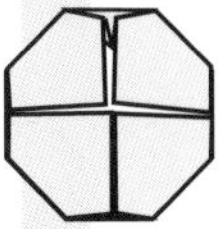

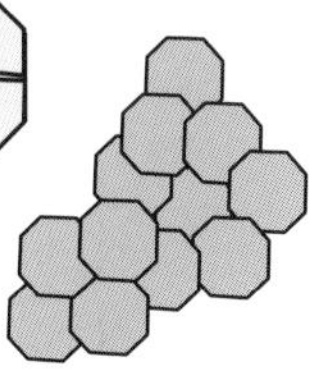

ぶどうの粒を好きな数だけ折り裏からセロハンテープではりつけて房を作る

⑥ うら返す

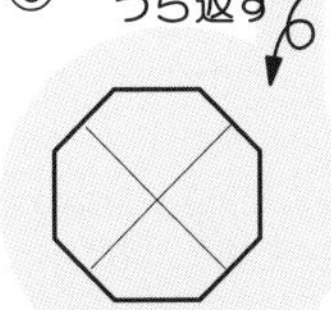

できあがり

葉

① Aの折りすじ線をつけてもどしBを折る

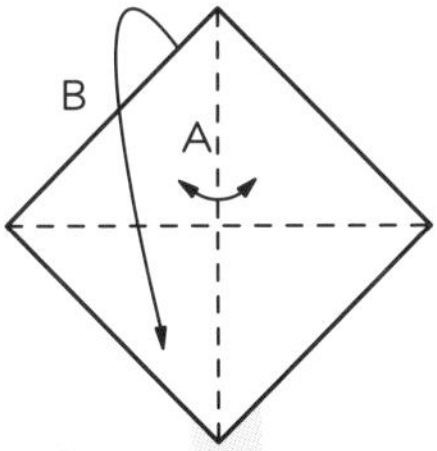

② 左右の角をまん中まで折る

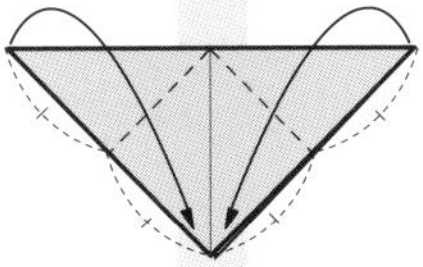

③

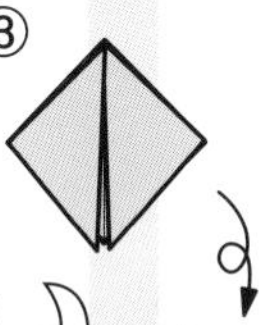

うら返す

④

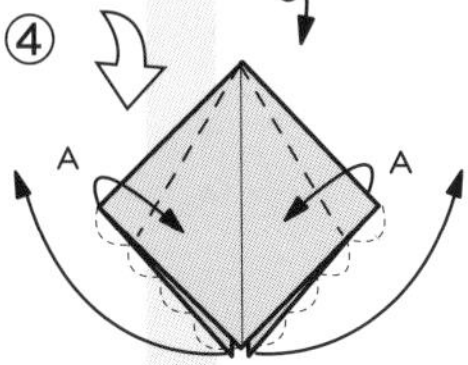

左右Aを折り、下の2つの角を上にもどす

⑤

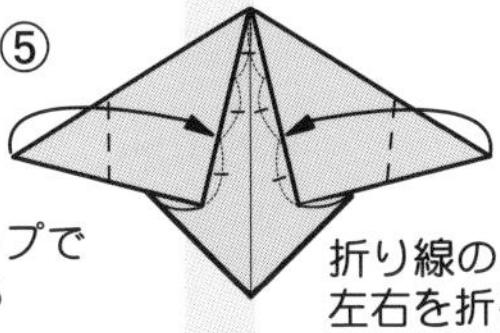

折り線のとおりに左右を折る

⑥

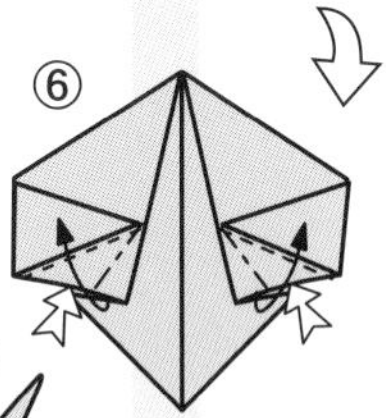

⑦

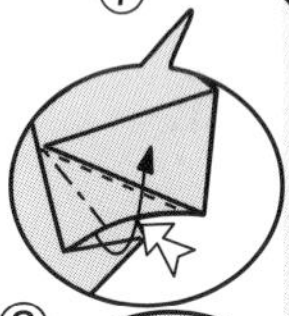

⇦のところに指を入れて開き折り線のとおりに折り図⑧のようにつぶす

⑧

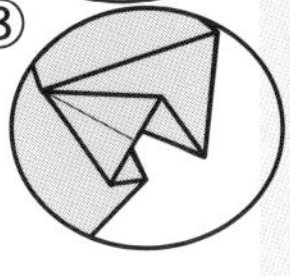

⑨ 折り線のとおり角を折る

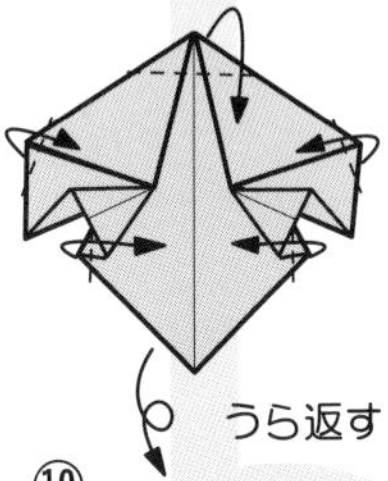

うら返す

⑩

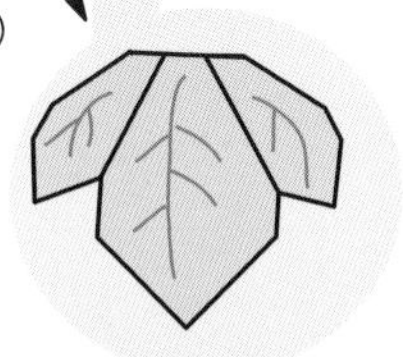

葉の葉脈を描いてできあがり

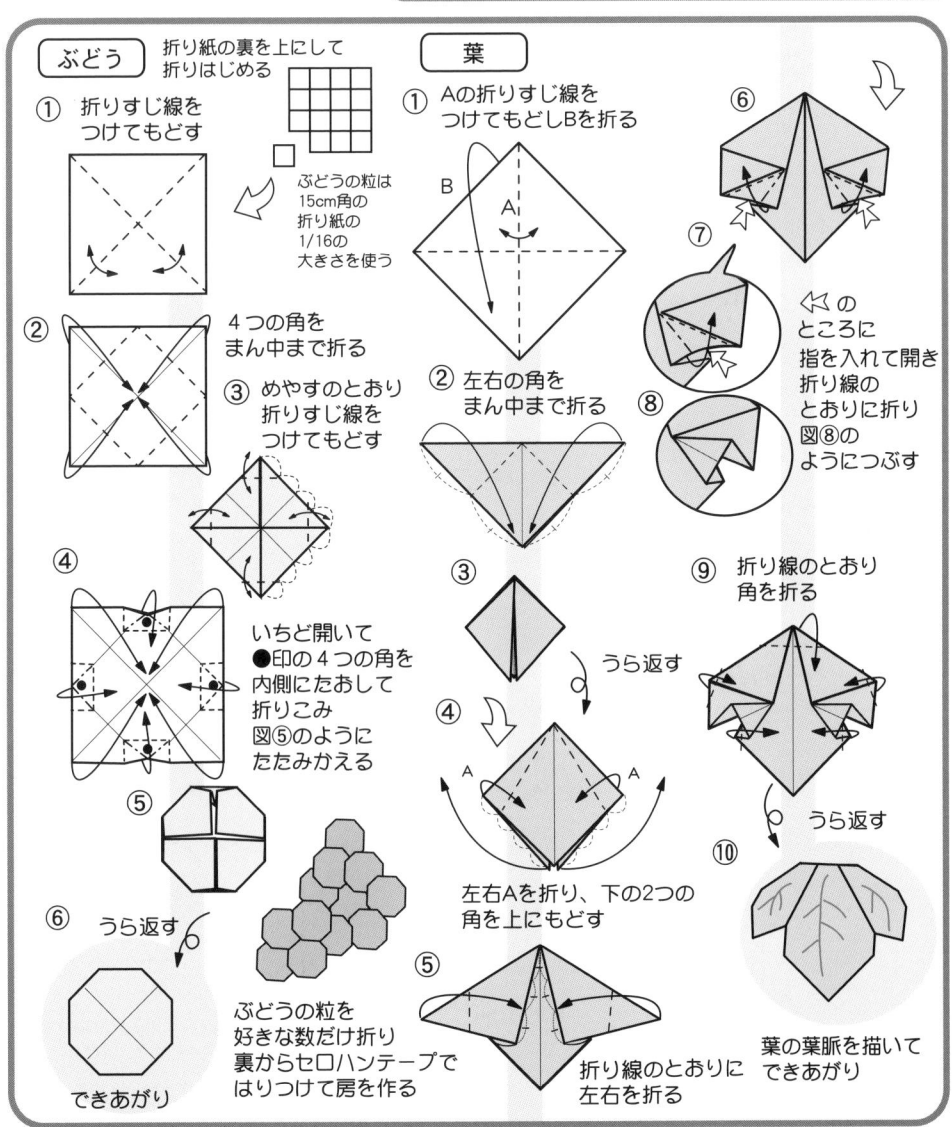

難易度 ★★

なし

▶p.15

作品づくりのアドバイス

黄土色や、うすい黄色の折り紙を使いましょう。68pのりんごより、やや平たい形です。完成したなしは、立てて飾ることができます。

使う折り紙：黄土／うす黄 1枚

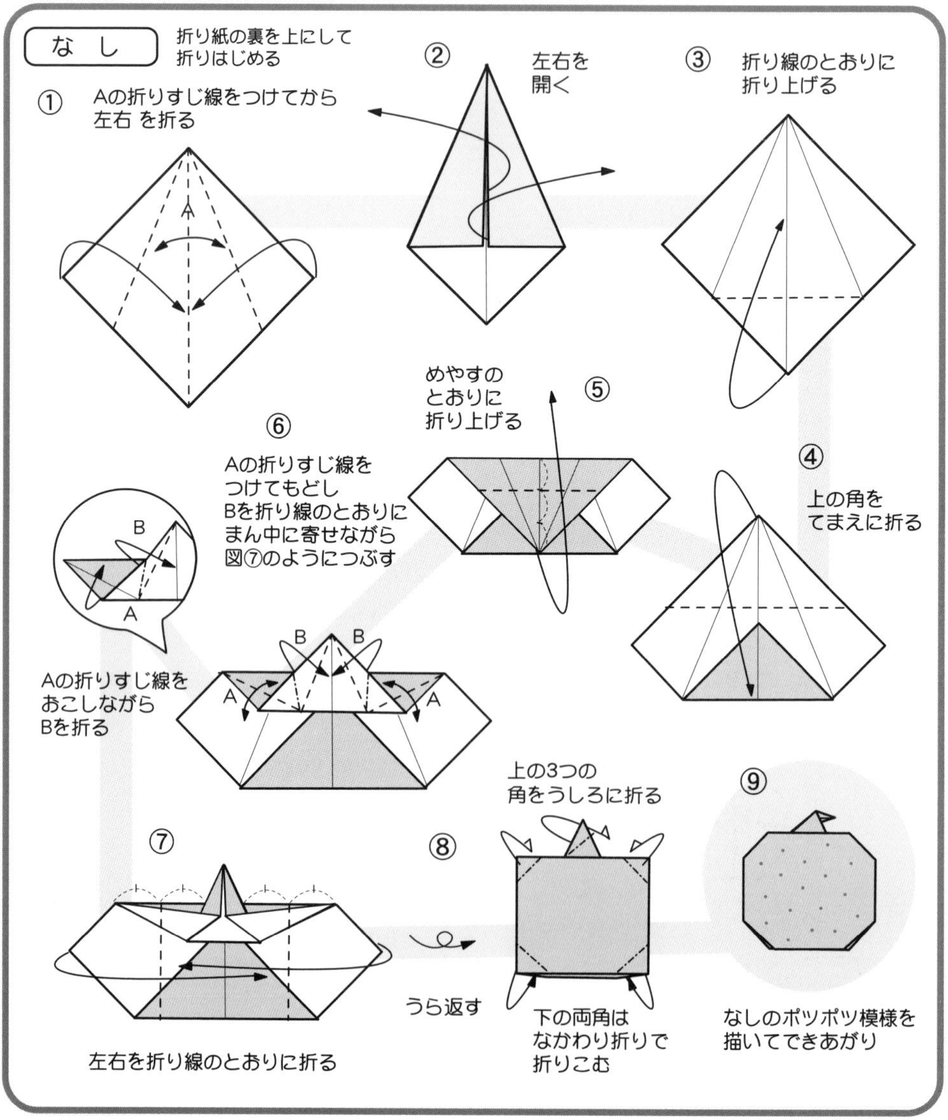

なし
折り紙の裏を上にして折りはじめる
① Aの折りすじ線をつけてから左右 を折る
A
② 左右を開く
③ 折り線のとおりに折り上げる
④ 上の角をてまえに折る
⑤ めやすのとおりに折り上げる
⑥ Aの折りすじ線をつけてもどしBを折り線のとおりにまん中に寄せながら図⑦のようにつぶす
B
A
Aの折りすじ線をおこしながらBを折る
B
B
A
A
⑦ 左右を折り線のとおりに折る
うら返す
⑧ 上の3つの角をうしろに折る
下の両角はなかわり折りで折りこむ
⑨ なしのポツポツ模様を描いてできあがり

かき

▶p.15

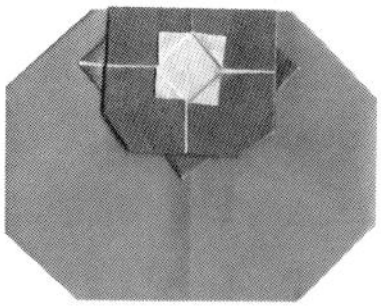

作品づくりのアドバイス

かきの形は、折り図②から⑥までの折り幅や角度で丸くなったり平たくなったりと、自由に調節できます。いろいろな形のかきを折ってみましょう。

使う折り紙：オレンジ／かき 1枚、緑 1/4枚

かき　折り紙の裏を上にして折りはじめる

ヘタ　※かきの1/4の大きさの折り紙を使う

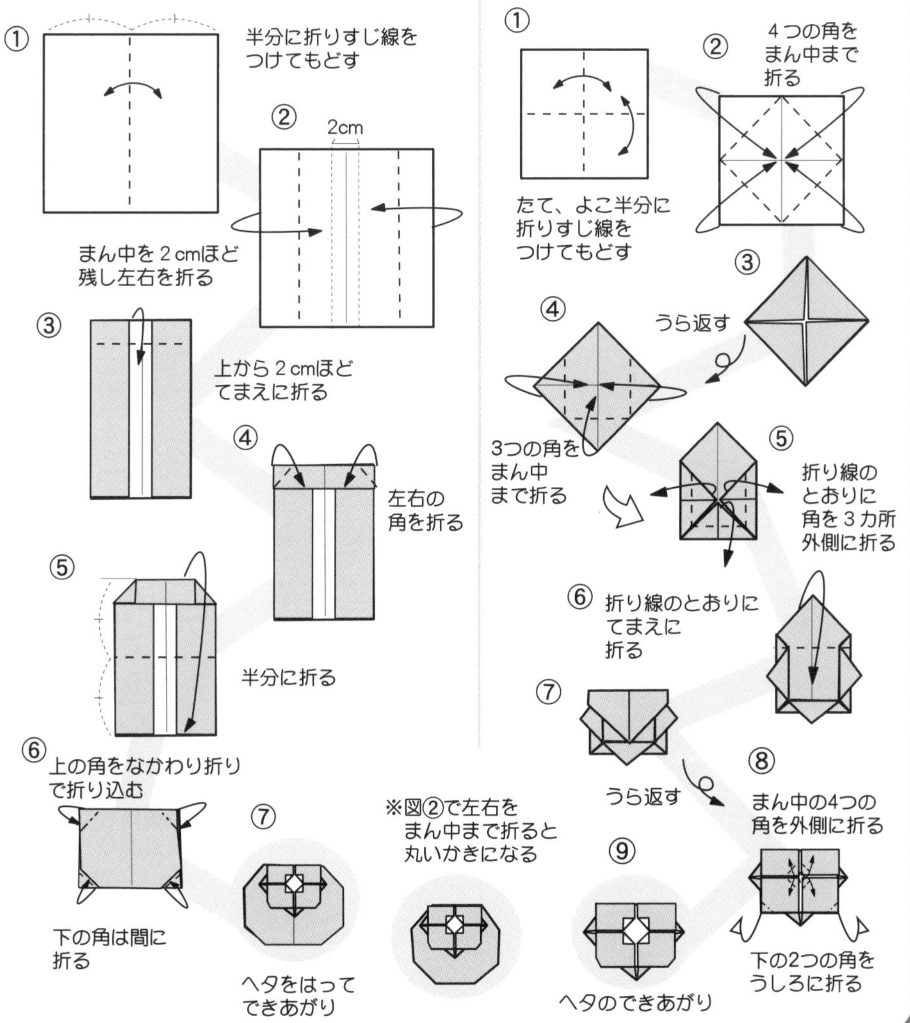
かき
①
半分に折りすじ線をつけてもどす
②
2cm
まん中を 2 cmほど残し左右を折る
③
上から 2 cmほどてまえに折る
④
左右の角を折る
⑤
半分に折る
⑥
上の角をなかわり折りで折り込む
下の角は間に折る
⑦
ヘタをはってできあがり
※図②で左右をまん中まで折ると丸いかきになる
ヘタ
①
たて、よこ半分に折りすじ線をつけてもどす
②
4つの角をまん中まで折る
③
うら返す
④
3つの角をまん中まで折る
⑤
折り線のとおりに角を3カ所外側に折る
⑥
折り線のとおりにてまえに折る
⑦
うら返す
⑧
まん中の4つの角を外側に折る
下の2つの角をうしろに折る
⑨
ヘタのできあがり

難易度　★

ごぼう

▶p.16

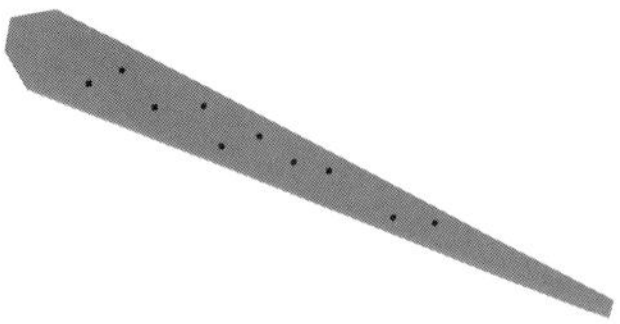

作品づくりのアドバイス

30㎝角くらいの大きな折り紙を半分使って折ると、迫力がでます。折り図④でつぶさずにふんわり折ると、立体的な厚みがでます。

使う折り紙：茶 1/2枚

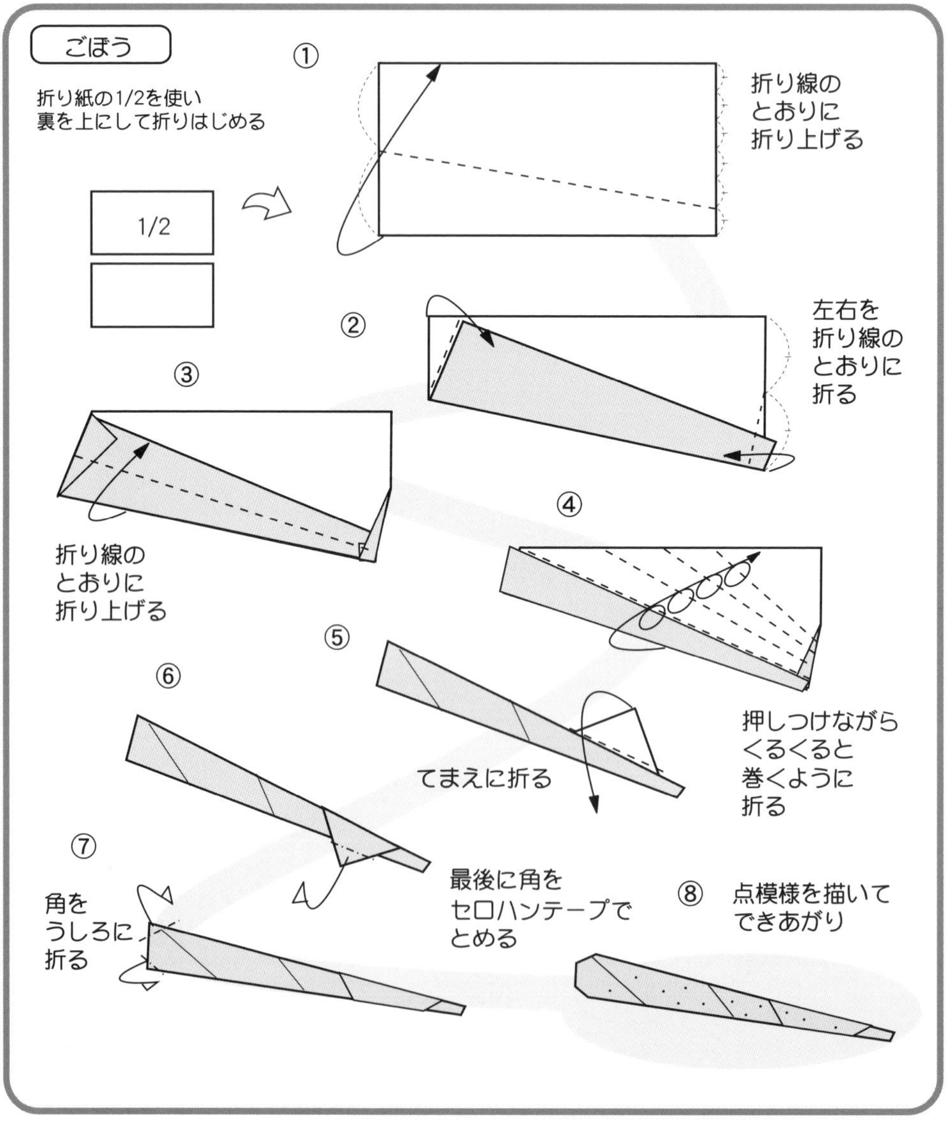

ごぼう
折り紙の1/2を使い
裏を上にして折りはじめる
1/2
①
折り線のとおりに折り上げる
②
左右を折り線のとおりに折る
③
折り線のとおりに折り上げる
④
押しつけながらくるくると巻くように折る
⑤
てまえに折る
⑥
最後に角をセロハンテープでとめる
⑦
角をうしろに折る
⑧
点模様を描いてできあがり

難易度　★

れんこん ▶p.16

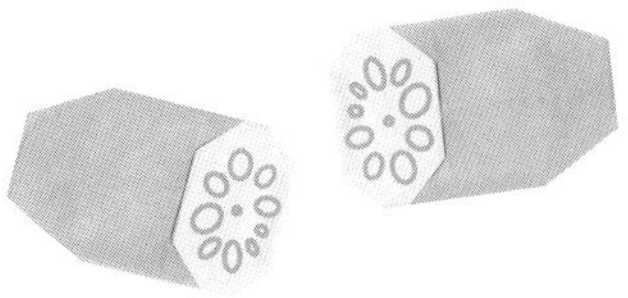

作品づくりのアドバイス

うす茶色やクリーム色の折り紙を使って折り、実際のれんこんを観察しながら、断面になる白い部分に、穴の模様を描きましょう。

使う折り紙：うす茶／クリーム 1枚

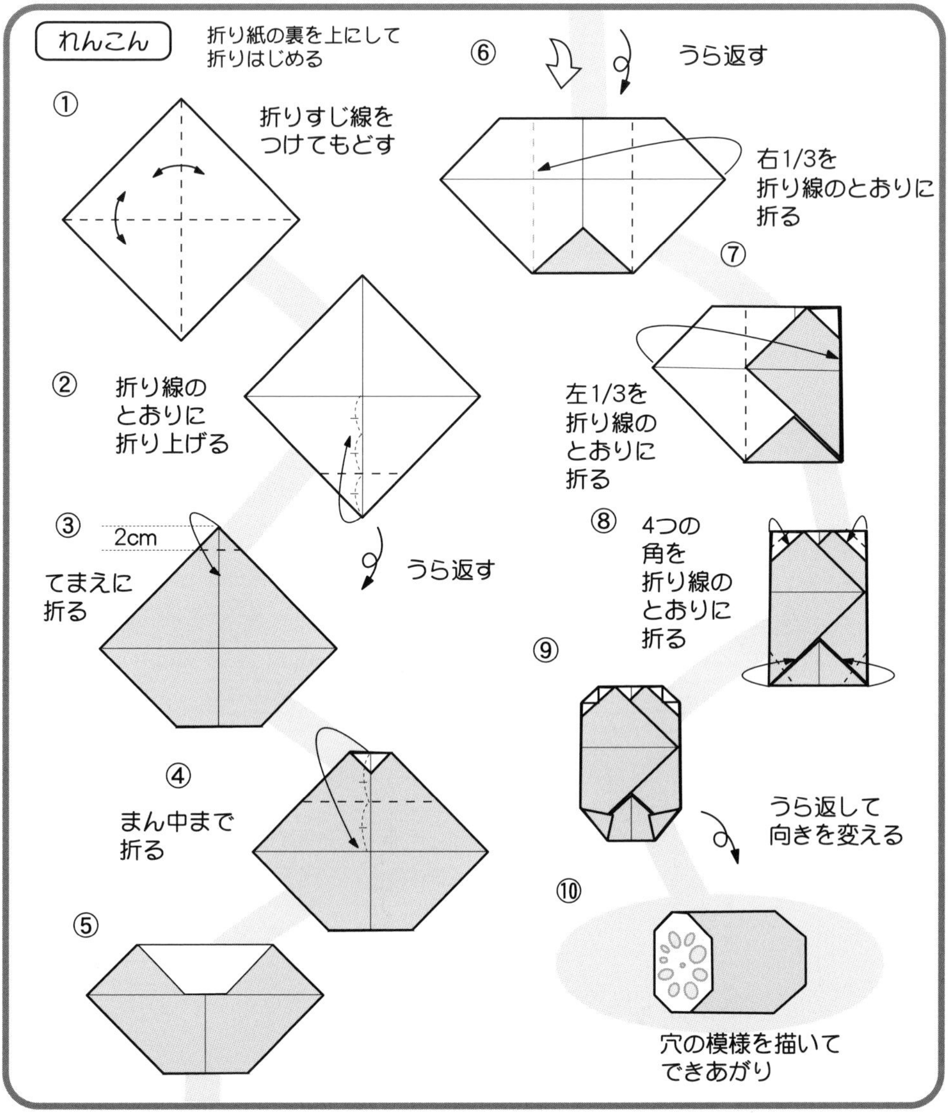

れんこん
折り紙の裏を上にして
折りはじめる
①
折りすじ線を
つけてもどす
②
折り線の
とおりに
折り上げる
うら返す
③
2cm
てまえに
折る
④
まん中まで
折る
⑤
⑥
うら返す
右1/3を
折り線のとおりに
折る
⑦
左1/3を
折り線の
とおりに
折る
⑧
4つの
角を
折り線の
とおりに
折る
⑨
うら返して
向きを変える
⑩
穴の模様を描いて
できあがり

ねぎ

▶p.16

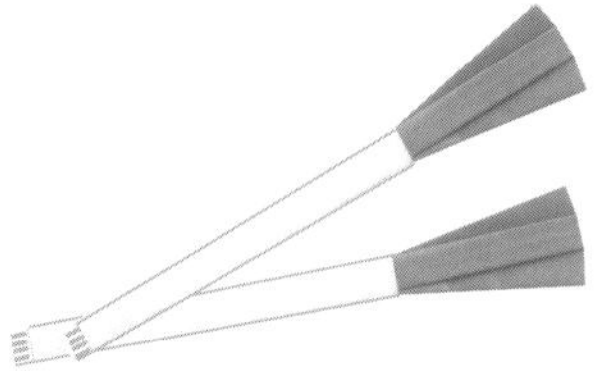

作品づくりのアドバイス

25㎝角ほどの少し大きめな折り紙を使って、ダイナミックに折ります。たくさん収穫したように、何本かまとめて折ってみましょう。

使う折り紙：白 1/2枚、緑 1/2枚

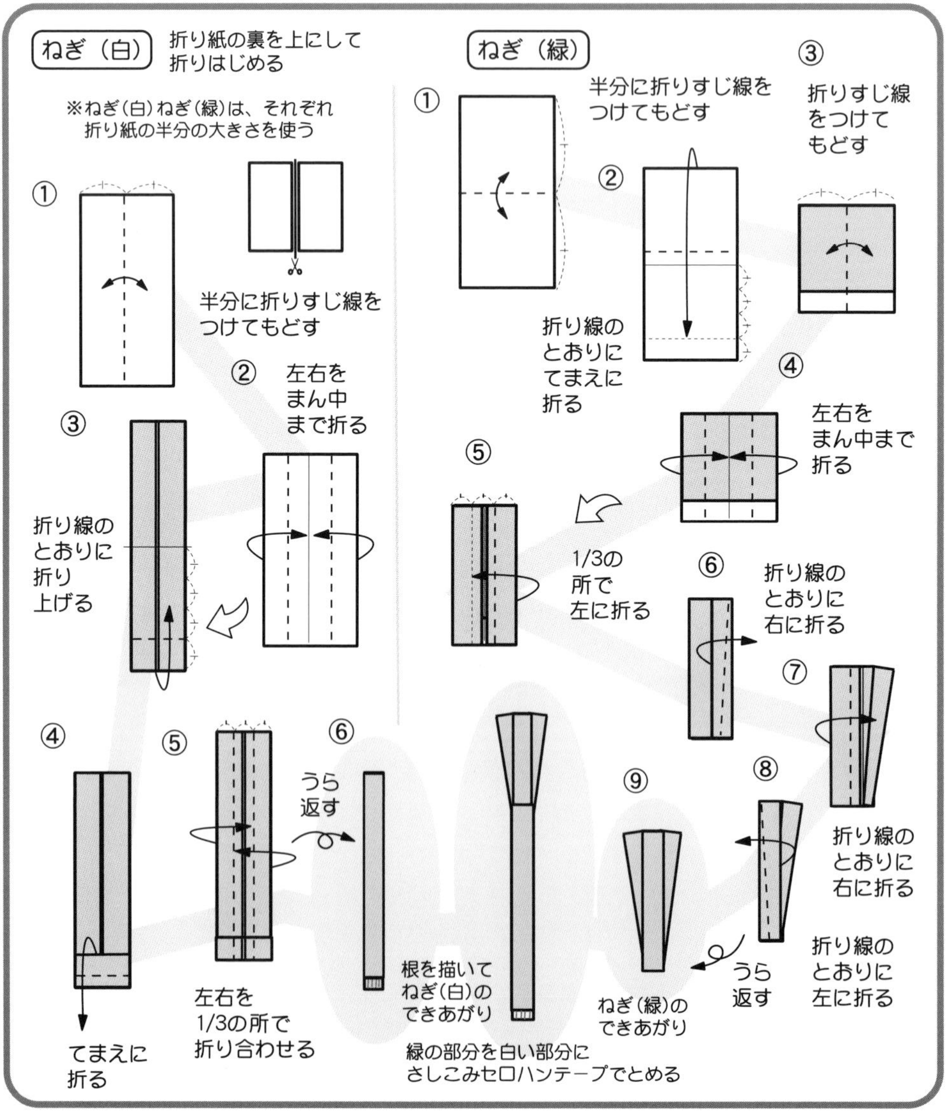
ねぎ（白）
折り紙の裏を上にして
折りはじめる
※ねぎ(白)ねぎ(緑)は、それぞれ
折り紙の半分の大きさを使う
①
半分に折りすじ線を
つけてもどす
②
左右を
まん中
まで折る
③
折り線の
とおりに
折り
上げる
④
てまえに
折る
⑤
左右を
1/3の所で
折り合わせる
⑥
うら
返す
根を描いて
ねぎ(白)の
できあがり
ねぎ（緑）
①
半分に折りすじ線を
つけてもどす
②
折り線の
とおりに
てまえに
折る
③
折りすじ線
をつけて
もどす
④
左右を
まん中まで
折る
⑤
1/3の
所で
左に折る
⑥
折り線の
とおりに
右に折る
⑦
折り線の
とおりに
右に折る
⑧
折り線の
とおりに
左に折る
うら
返す
⑨
ねぎ(緑)の
できあがり
緑の部分を白い部分に
さしこみセロハンテープでとめる

みかん

▶p.17

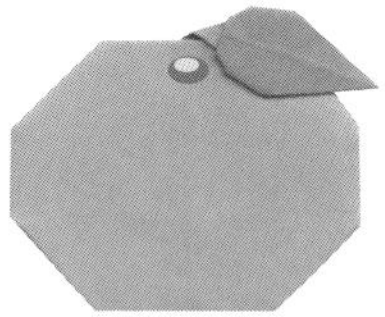

作品づくりのアドバイス

みかんの1/9の大きさの折り紙を使う葉は、折り方が細かいので、最初は普通の大きさの折り紙を使って、練習しましょう。

使う折り紙：だいだい 1枚、緑 1/9枚

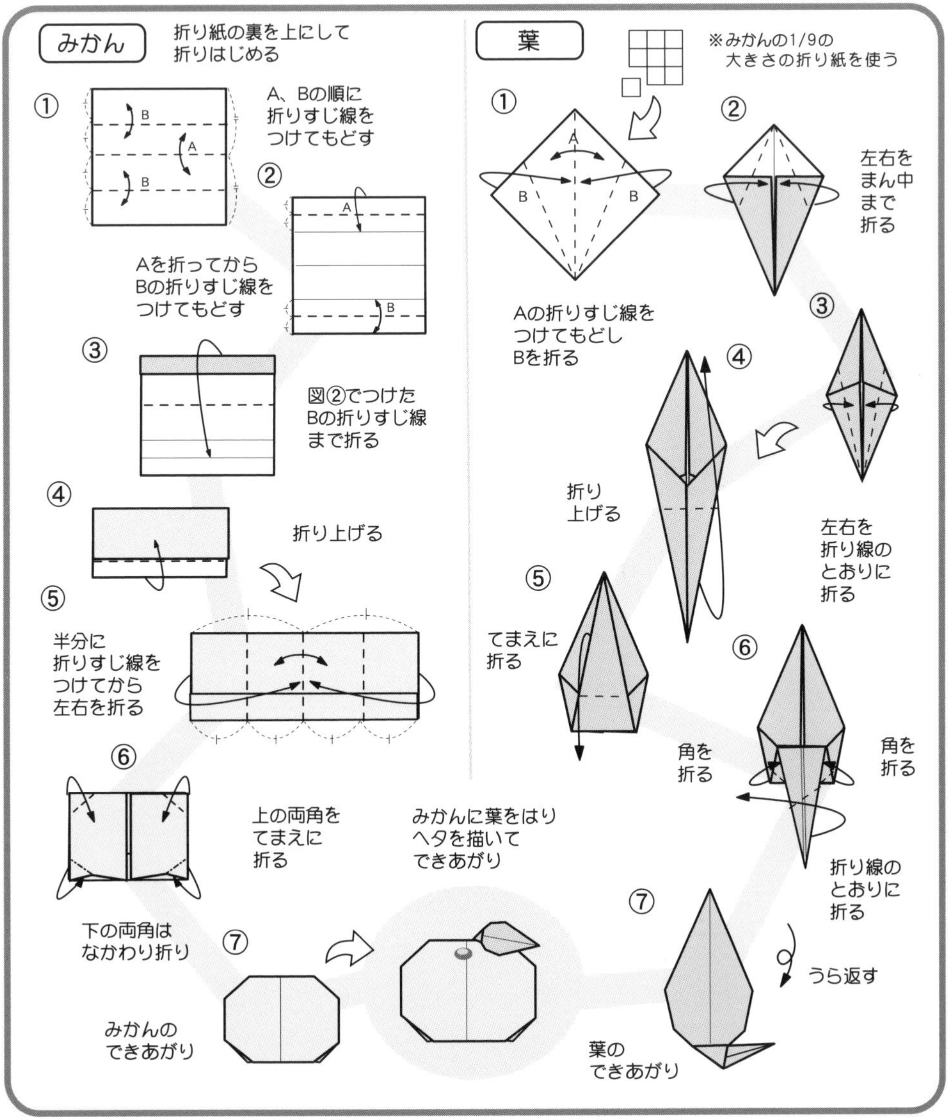
みかん
折り紙の裏を上にして
折りはじめる
①
A、Bの順に
折りすじ線を
つけてもどす
②
Aを折ってから
Bの折りすじ線を
つけてもどす
③
図②でつけた
Bの折りすじ線
まで折る
④
折り上げる
⑤
半分に
折りすじ線を
つけてから
左右を折る
⑥
上の両角を
てまえに
折る
下の両角は
なかわり折り
⑦
みかんの
できあがり
みかんに葉をはり
ヘタを描いて
できあがり
葉
※みかんの1/9の
大きさの折り紙を使う
①
Aの折りすじ線を
つけてもどし
Bを折る
②
左右を
まん中
まで
折る
③
左右を
折り線の
とおりに
折る
④
折り
上げる
⑤
てまえに
折る
⑥
角を
折る
角を
折る
折り線の
とおりに
折る
⑦
うら返す
葉の
できあがり

難易度 ★★

りんごとかご

▶p.17

作品づくりのアドバイス

りんごの葉の葉脈は、折り紙をつまみながら山折り線でつけていきます。りんごの軸は右や左、どちらにでも、自由に折り曲げましょう。

使う折り紙：赤/黄緑 1枚、緑 1/9枚、好きな色 1枚

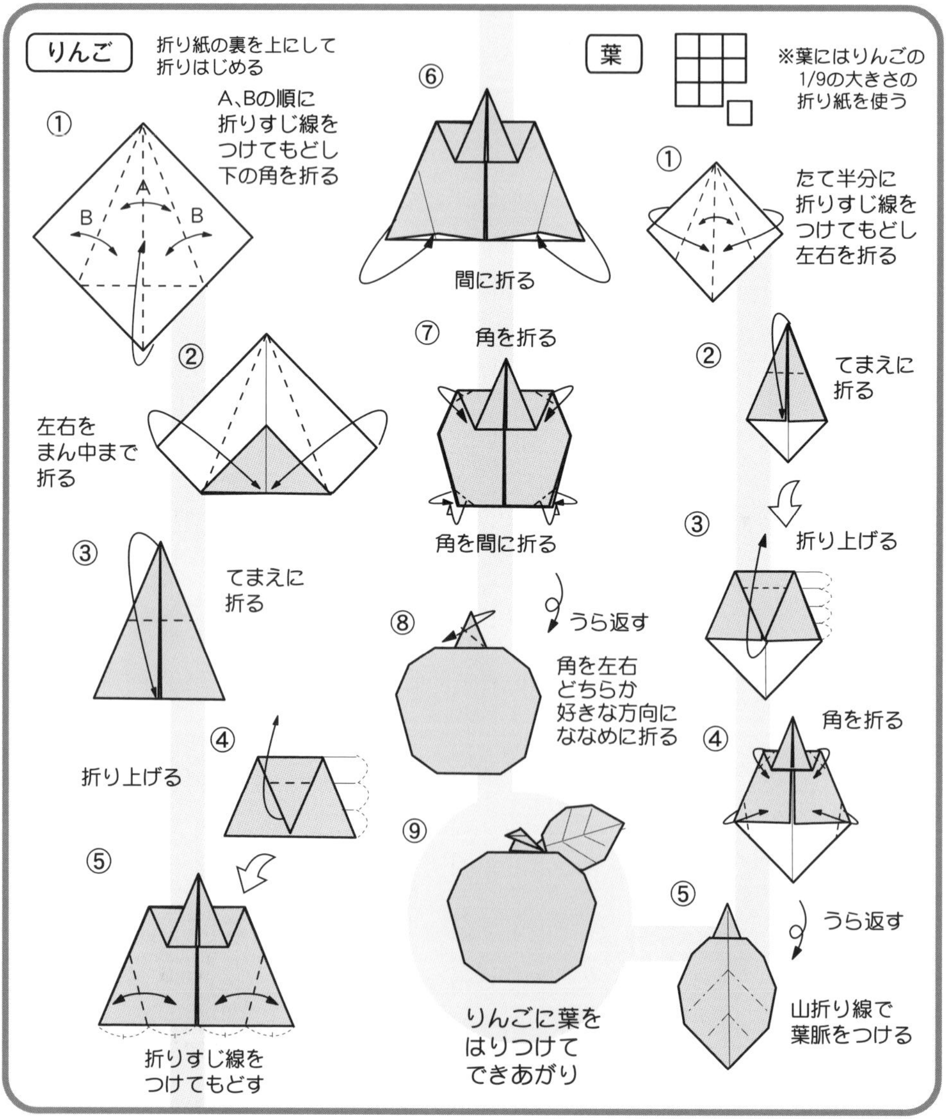

りんご
折り紙の裏を上にして
折りはじめる
①
A、Bの順に
折りすじ線を
つけてもどし
下の角を折る
A
B
B
②
左右を
まん中まで
折る
③
てまえに
折る
④
折り上げる
⑤
折りすじ線を
つけてもどす
⑥
間に折る
⑦
角を折る
角を間に折る
⑧
うら返す
角を左右
どちらか
好きな方向に
ななめに折る
⑨
りんごに葉を
はりつけて
できあがり
葉
※葉にはりんごの
1/9の大きさの
折り紙を使う
①
たて半分に
折りすじ線を
つけてもどし
左右を折る
②
てまえに
折る
③
折り上げる
④
角を折る
⑤
うら返す
山折り線で
葉脈をつける

アレンジ　フルーツの盛り合わせ

30㎝角ほどの大きな折り紙でかごを折ります。りんごやバナナ、ぶどうなど、好きなフルーツを盛り合わせてみましょう。

折り方参照：ぶどうp.61／バナナ１p.70

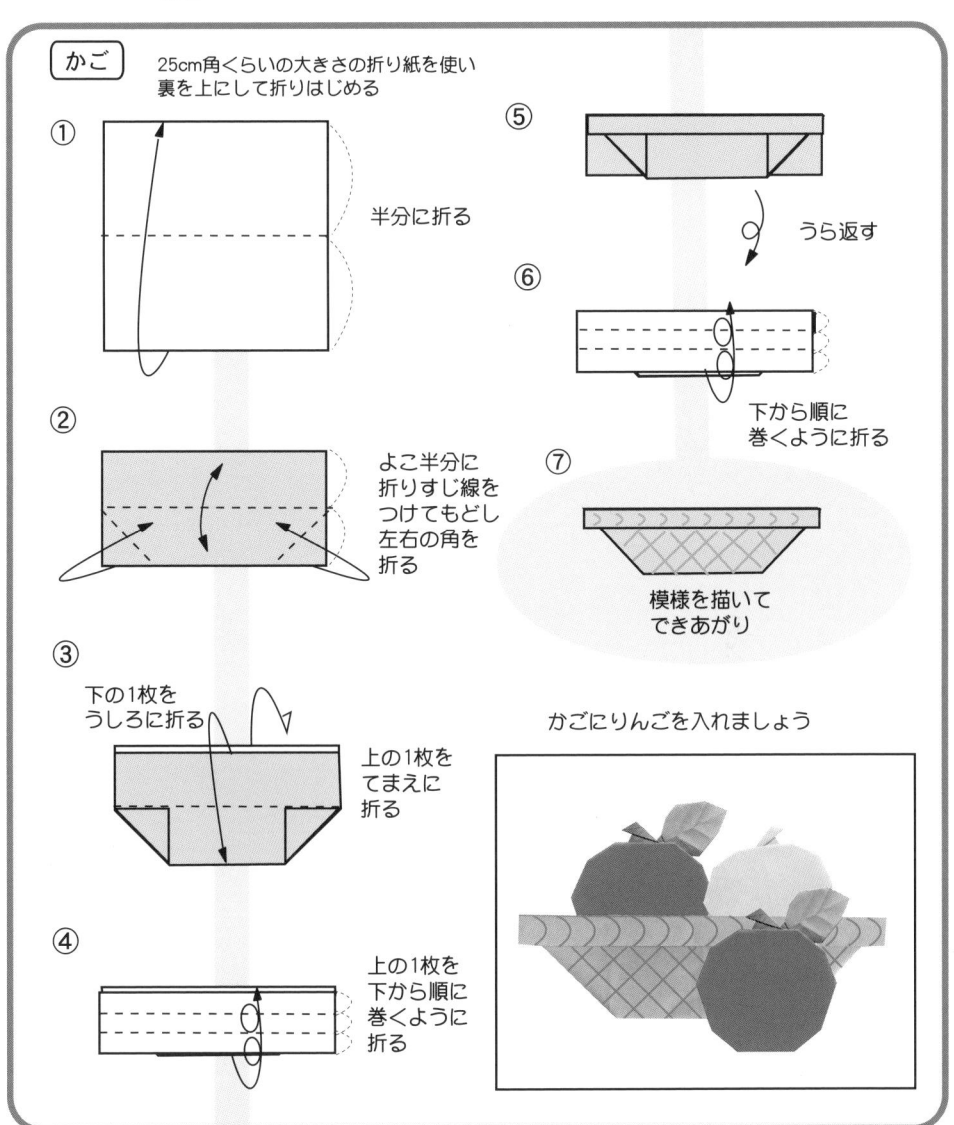

かご

25cm角くらいの大きさの折り紙を使い
裏を上にして折りはじめる

①

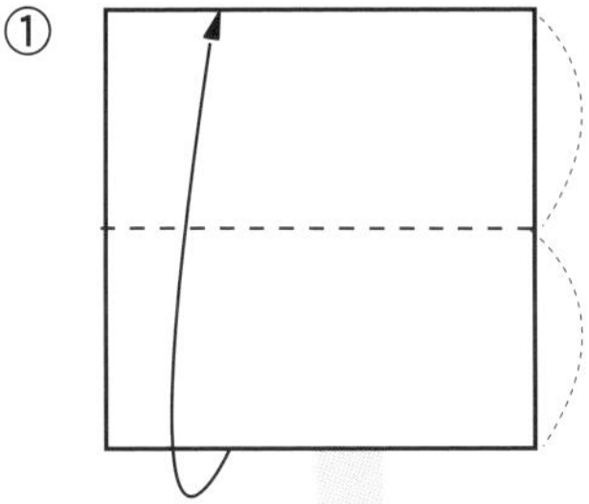

半分に折る

②

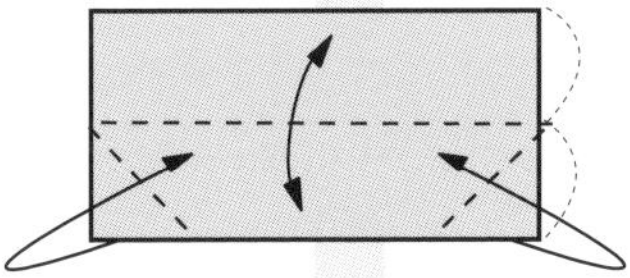

よこ半分に
折りすじ線を
つけてもどし
左右の角を
折る

③

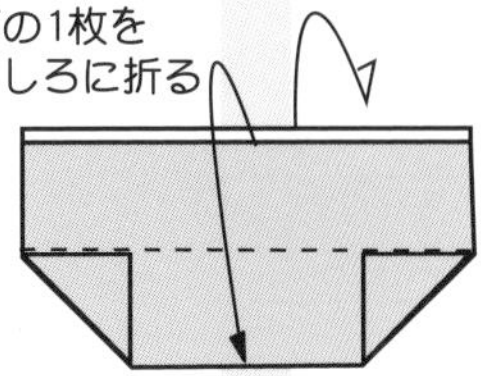

下の1枚を
うしろに折る

上の1枚を
てまえに
折る

④

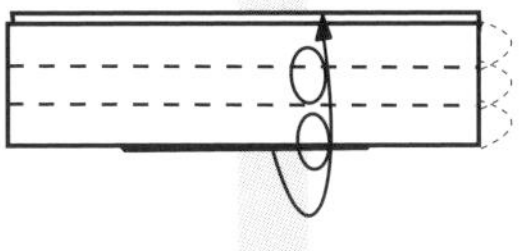

上の1枚を
下から順に
巻くように
折る

⑤

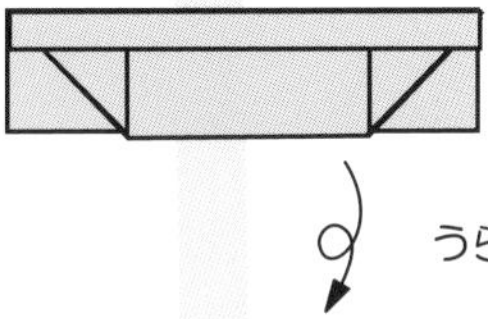

うら返す

⑥

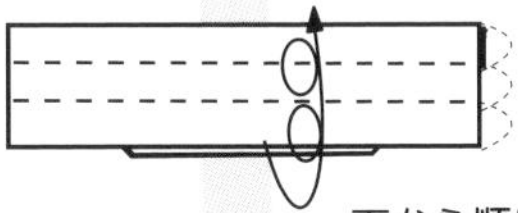

下から順に
巻くように折る

⑦

模様を描いて
できあがり

かごにりんごを入れましょう

難易度　★

バナナ１

▶p.18

作品づくりのアドバイス

バナナを３本折り、上手にはり合わせて、房を作りましょう。バナナの本数をふやすと、大きくてごうかな房ができあがります。

使う折り紙：黄 ３枚

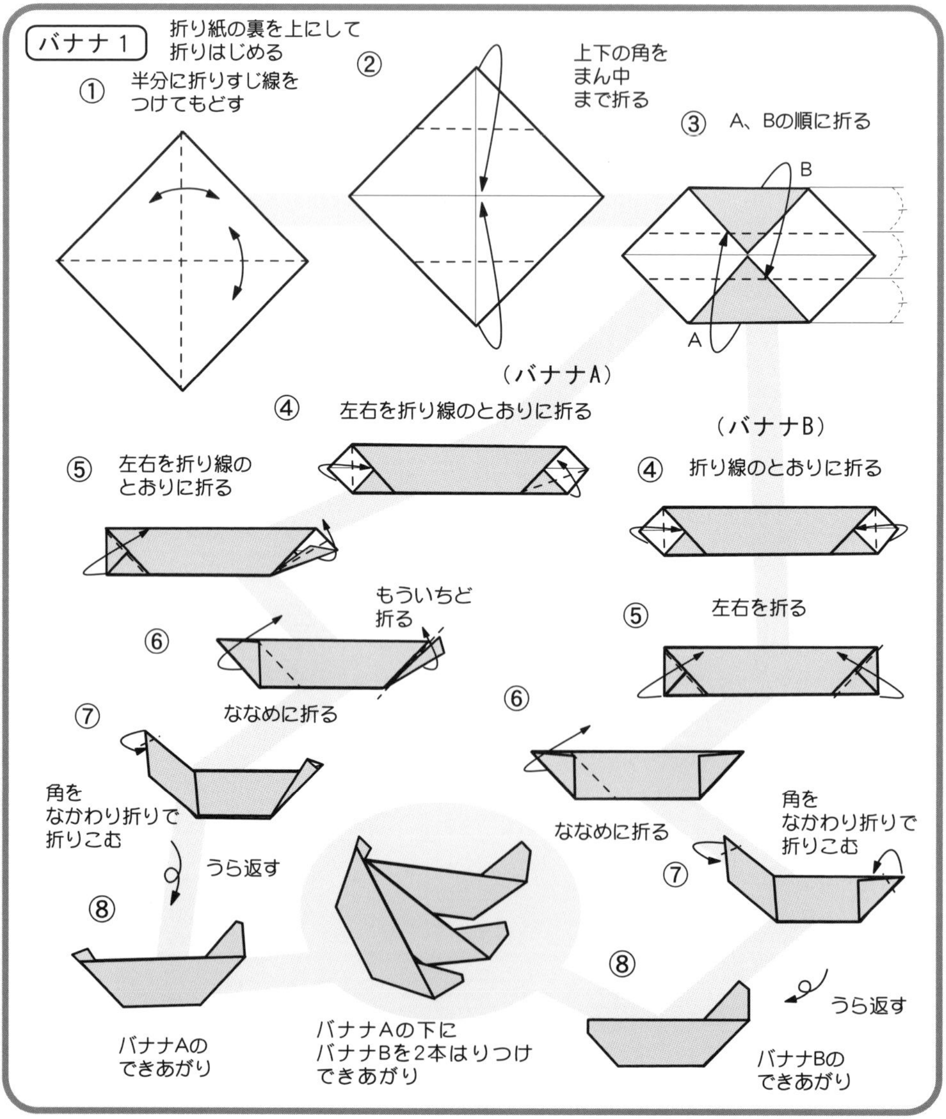

バナナ１
折り紙の裏を上にして折りはじめる
①
半分に折りすじ線をつけてもどす
②
上下の角をまん中まで折る
③
A、Bの順に折る
B
A
（バナナA）
④
左右を折り線のとおりに折る
⑤
左右を折り線のとおりに折る
⑥
もういちど折る
ななめに折る
⑦
角をなかわり折りで折りこむ
うら返す
⑧
バナナAのできあがり
（バナナB）
④
折り線のとおりに折る
⑤
左右を折る
⑥
ななめに折る
⑦
角をなかわり折りで折りこむ
⑧
うら返す
バナナBのできあがり
バナナAの下にバナナBを２本はりつけできあがり

難易度　★★

バナナ２

▶p.18

作品づくりのアドバイス

実にはうすい黄色、皮にはこい黄色を使って、それぞれ折ります。皮の形は、折り図④、⑤の折り方で変わるので、自由に工夫してみましょう。

使う折り紙：黄 1枚、うす黄 1枚

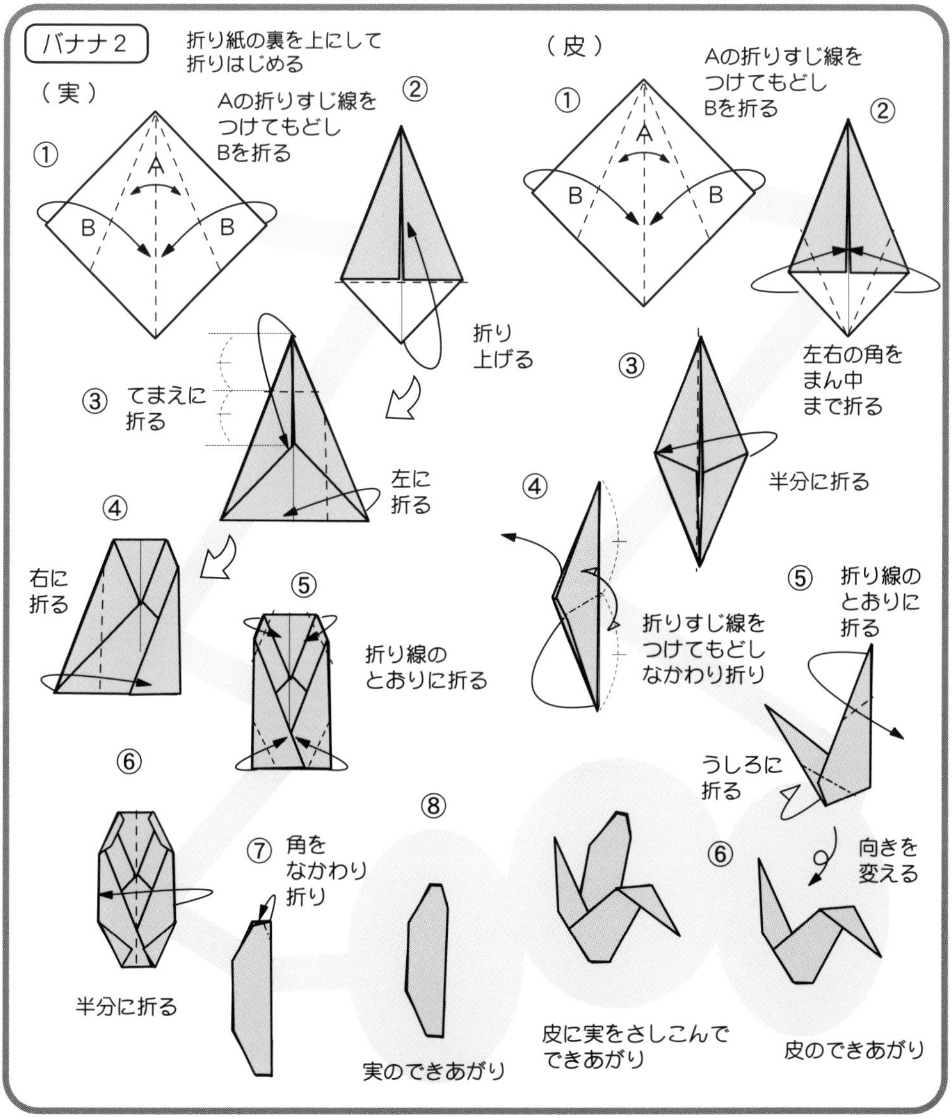

バナナ２
折り紙の裏を上にして
折りはじめる
（実）
①
Aの折りすじ線を
つけてもどし
Bを折る
A
B
B
②
折り
上げる
③
てまえに
折る
左に
折る
④
右に
折る
⑤
折り線の
とおりに折る
⑥
半分に折る
⑦
角を
なかわり
折り
⑧
実のできあがり
（皮）
①
Aの折りすじ線を
つけてもどし
Bを折る
A
B
B
②
左右の角を
まん中
まで折る
③
半分に折る
④
折りすじ線を
つけてもどし
なかわり折り
⑤
折り線の
とおりに
折る
うしろに
折る
向きを
変える
⑥
皮のできあがり
皮に実をさしこんで
できあがり

難易度 ★

オレンジ

▶p.18

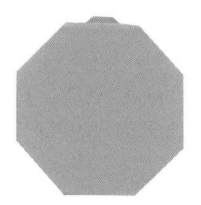

作品づくりのアドバイス

15㎝角の大きさの折り紙で折ると、ほぼ実物大にできあがります。12㎝角の緑色の折り紙で折ると、やや小さなライムになります。

使う折り紙：オレンジ 1枚

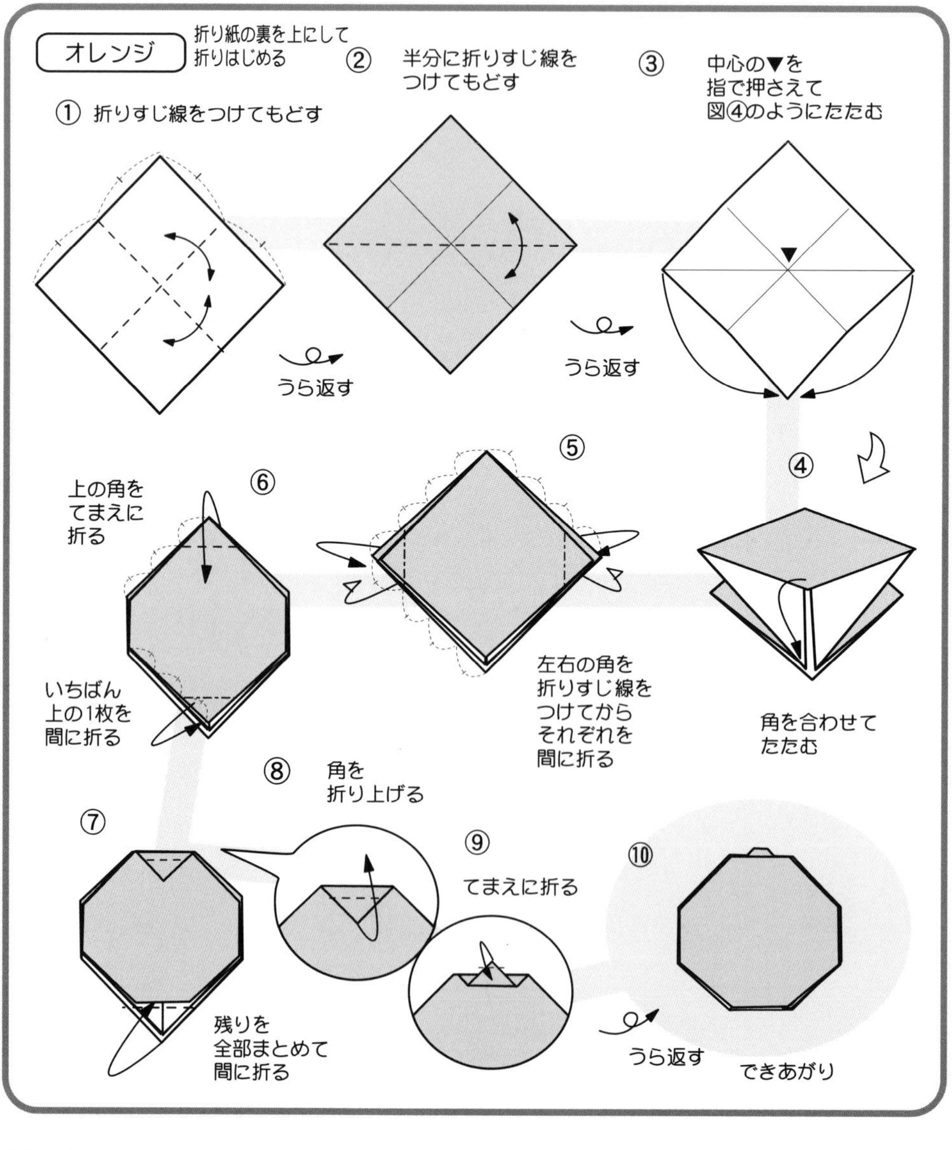

オレンジ
折り紙の裏を上にして
折りはじめる
① 折りすじ線をつけてもどす
うら返す
② 半分に折りすじ線を
つけてもどす
うら返す
③ 中心の▼を
指で押さえて
図④のようにたたむ
④
角を合わせて
たたむ
⑤
左右の角を
折りすじ線を
つけてから
それぞれを
間に折る
⑥
上の角を
てまえに
折る
いちばん
上の1枚を
間に折る
⑦
残りを
全部まとめて
間に折る
⑧ 角を
折り上げる
⑨ てまえに折る
⑩
うら返す
できあがり

グレープフルーツ

▶p.19

作品づくりのアドバイス

15cm角の大きさの折り紙で折ると、ほぼ実物大にできあがります。黄色やうす緑色などの折り紙を使って折りましょう。

使う折り紙：黄 1枚

グレープフルーツ

折り紙の裏を上にして
折りはじめる

① 折りすじ線を
つけてもどす

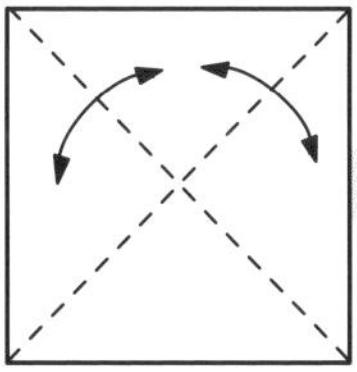

② まん中まで
折る

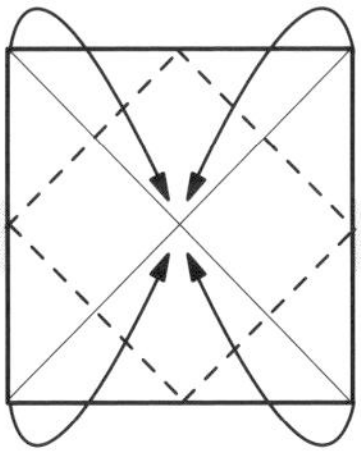

③ 折り線のとおりに
上下を折る

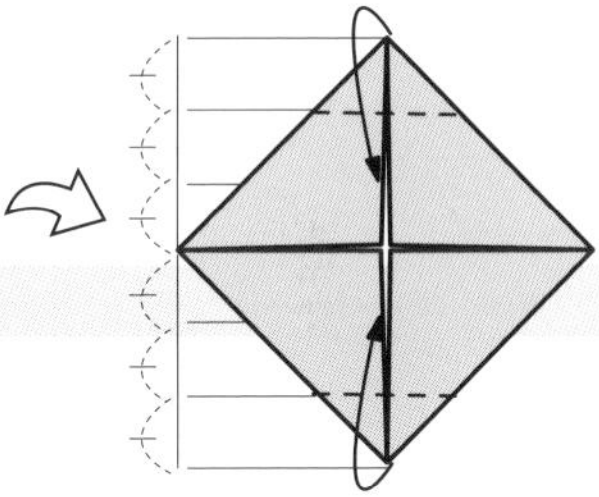

④ 左右を折る

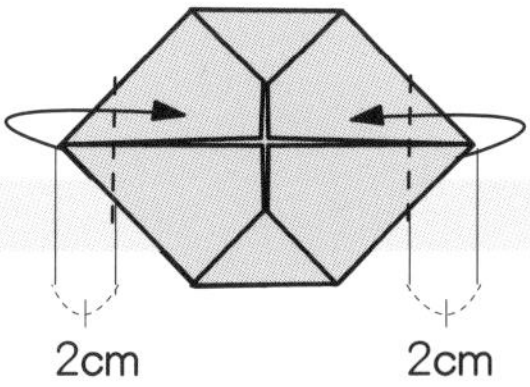

⑤ 図⑥のように
全部開く

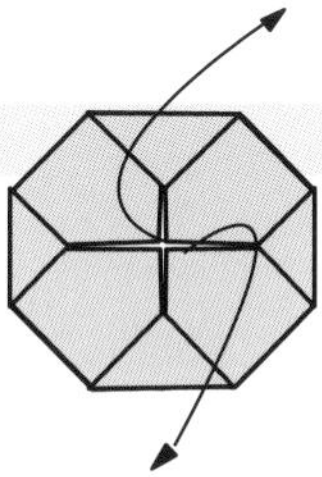

⑥ ●印の角を
折り線のとおりに
内側にたおして
たたみかえる

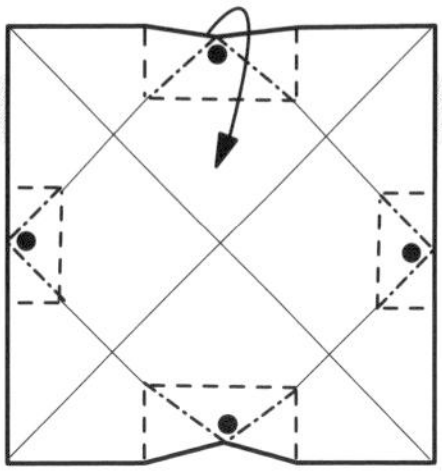

⑦ 残りの3カ所も
折り線のとおりに
たたみかえる

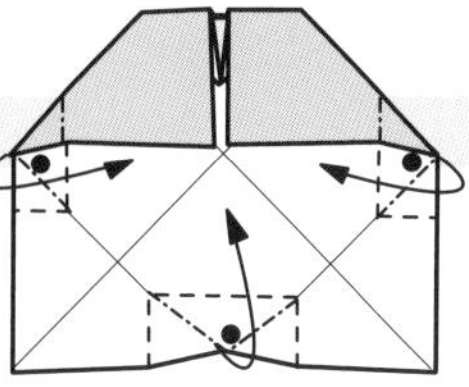

⑧

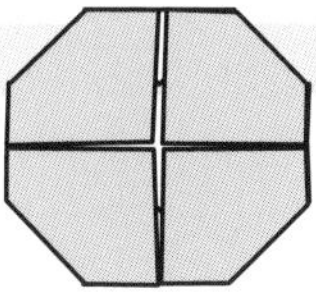

うら返す

⑨

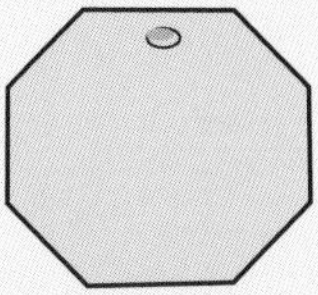

ヘタを描いて
できあがり

難易度　★★

パイナップル

▶p.19

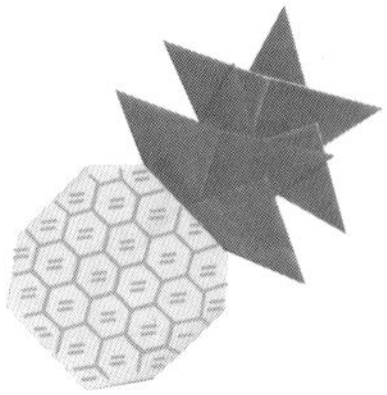

作品づくりのアドバイス

普通の折り紙よりも大きめの、25㎝角の折り紙を使うと、よりダイナミックなパイナップルができあがります。葉は2～3枚自由にはりつけましょう。

使う折り紙：黄系 2枚、緑 2～3枚

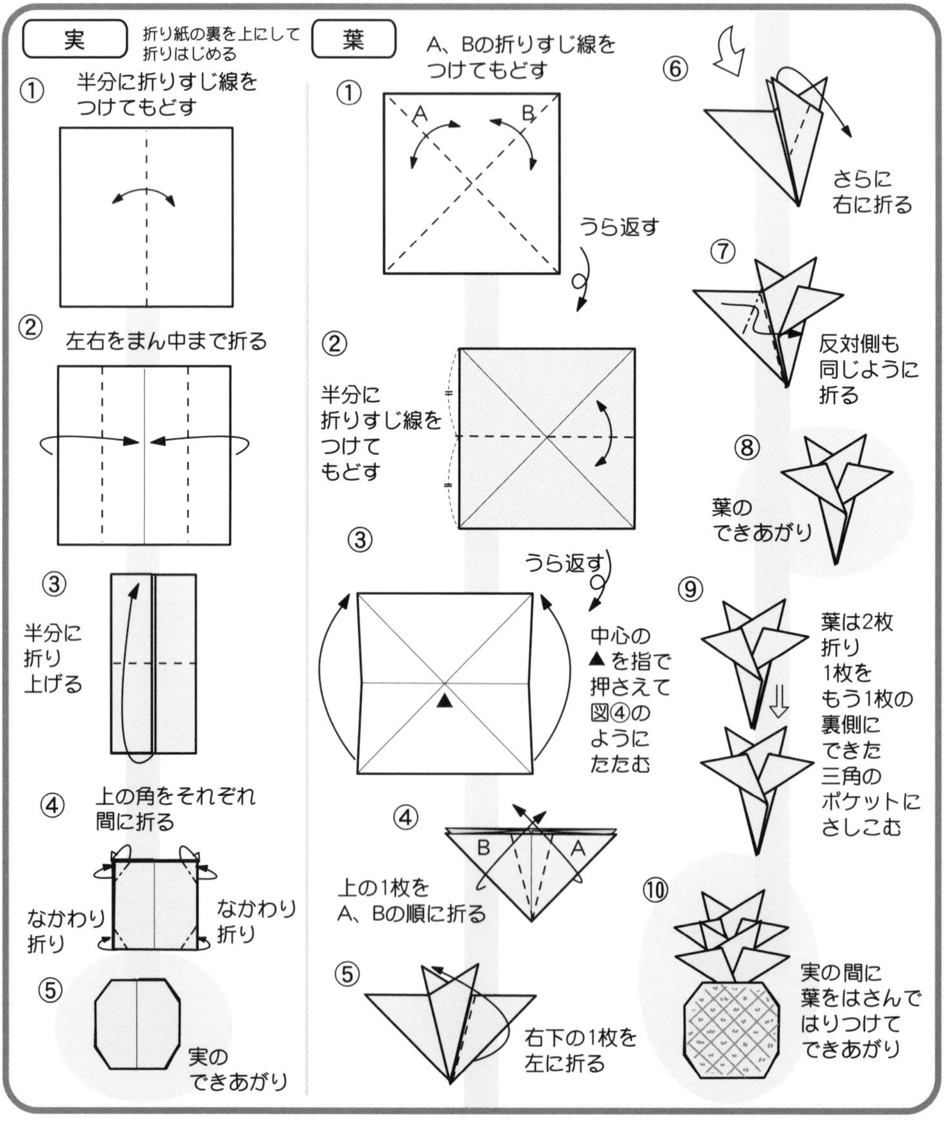
実
折り紙の裏を上にして折りはじめる
① 半分に折りすじ線をつけてもどす
② 左右をまん中まで折る
③ 半分に折り上げる
④ 上の角をそれぞれ間に折る
なかわり折り
なかわり折り
⑤ 実のできあがり
葉
① A、Bの折りすじ線をつけてもどす
A
B
うら返す
② 半分に折りすじ線をつけてもどす
③ うら返す
中心の▲を指で押さえて図④のようにたたむ
④ 上の1枚をA、Bの順に折る
B
A
⑤ 右下の1枚を左に折る
⑥ さらに右に折る
⑦ 反対側も同じように折る
⑧ 葉のできあがり
⑨ 葉は2枚折り1枚をもう1枚の裏側にできた三角のポケットにさしこむ
⑩ 実の間に葉をはさんではりつけてできあがり

アレンジ

パイナップルリングの缶詰

5㎝角の折り紙を使うと、小さいパイナップルができます。ラベルにはって、缶にパイナップルリングを入れましょう。

折り方参照：みかんの缶詰p.103

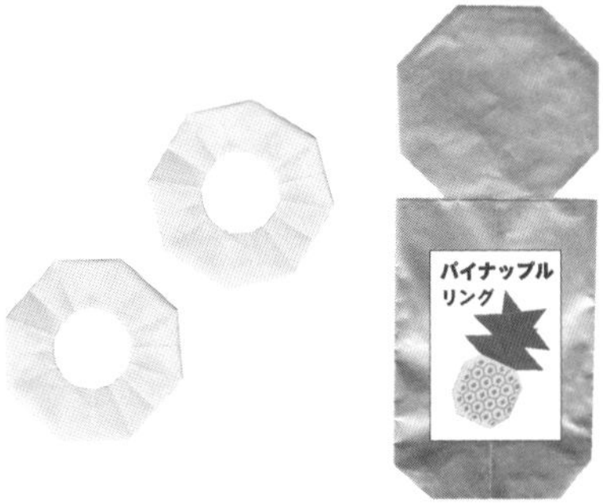

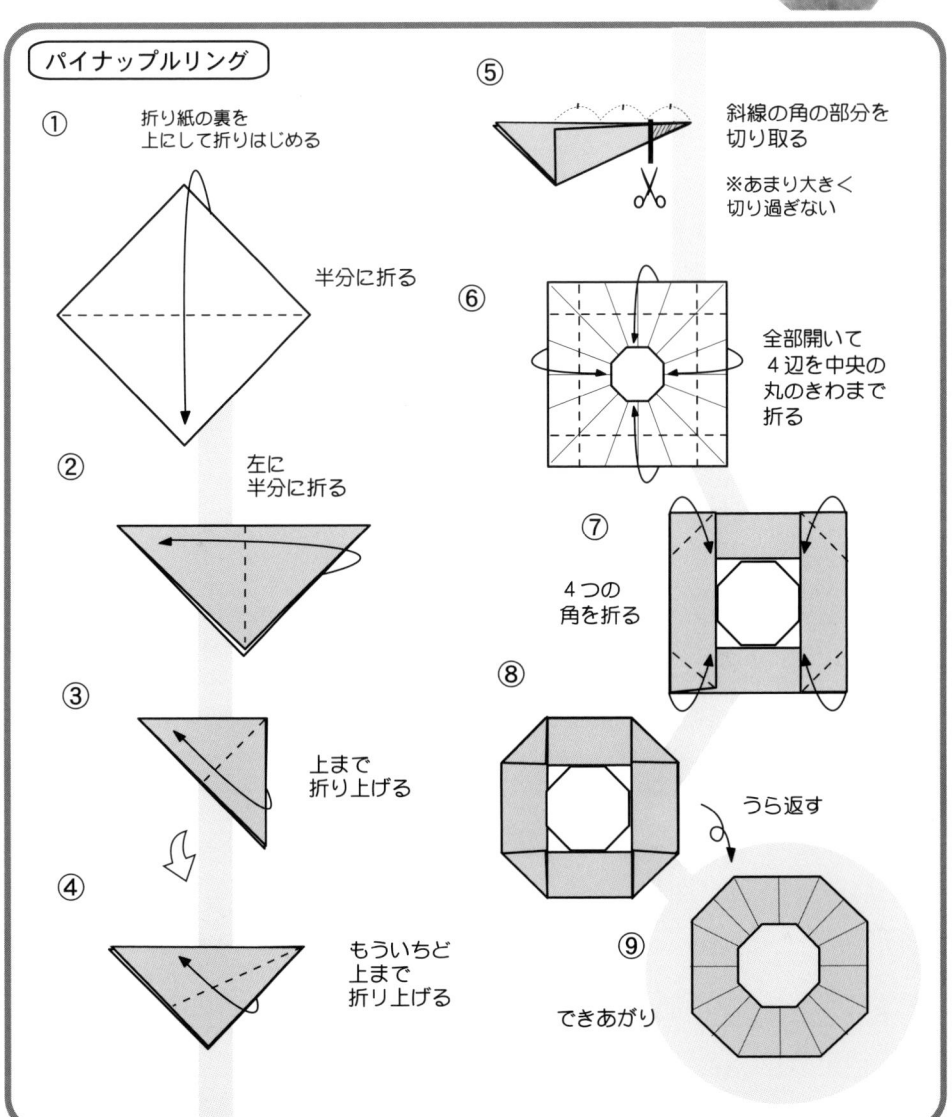

パイナップルリング

①　折り紙の裏を上にして折りはじめる

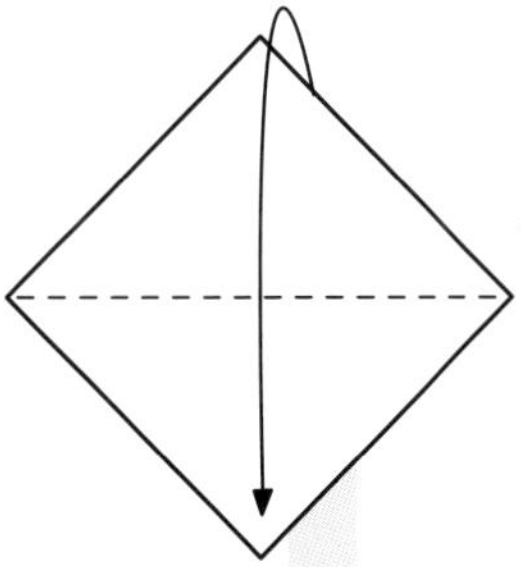

半分に折る

②　左に半分に折る

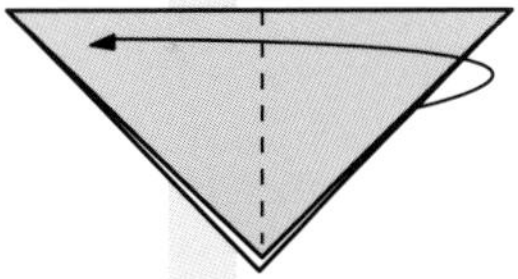

③　上まで折り上げる

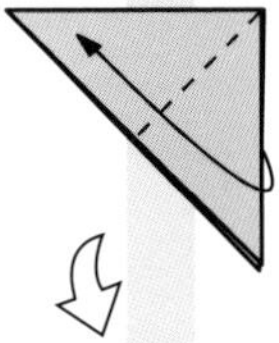

④　もういちど上まで折り上げる

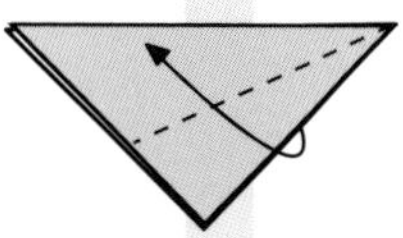

⑤　斜線の角の部分を切り取る

※あまり大きく切り過ぎない

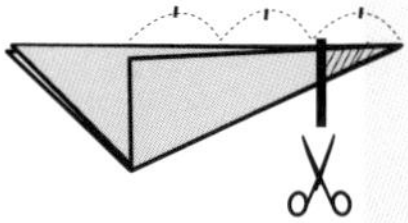

⑥　全部開いて４辺を中央の丸のきわまで折る

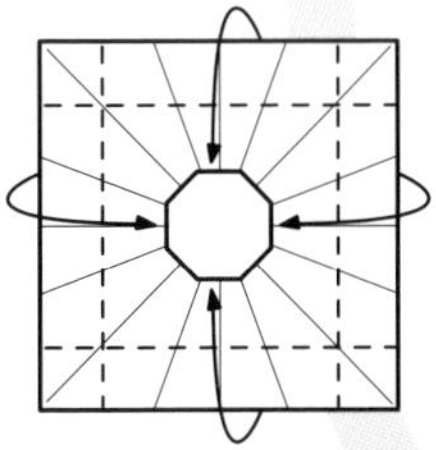

⑦　４つの角を折る

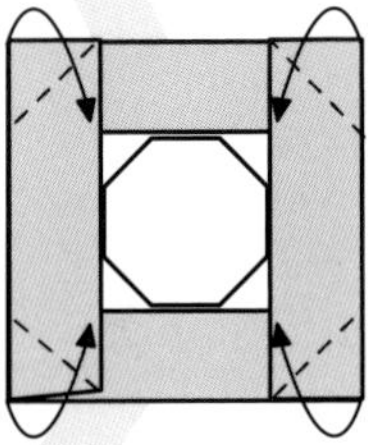

⑧

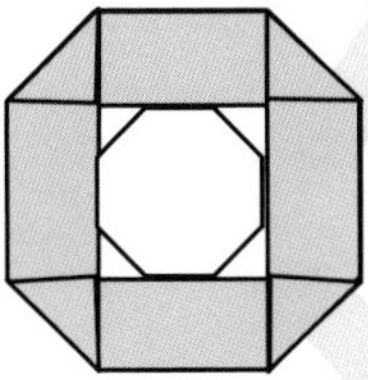

うら返す

⑨

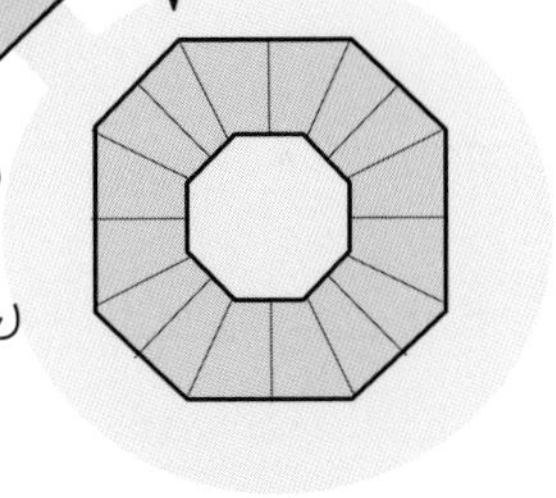

できあがり

難易度 ★★

イカ

▶p.20

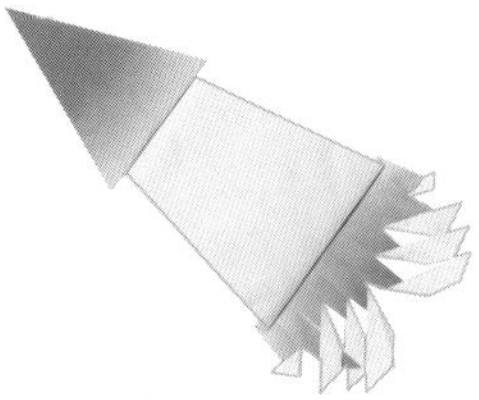

作品づくりのアドバイス

イカの足の部分に切りこみを10本分入れ、自由に折り上げて動きを出します。うすい茶系の折り紙を使えば、スルメができあがります。

使う折り紙：白と茶のグラデーション 1枚

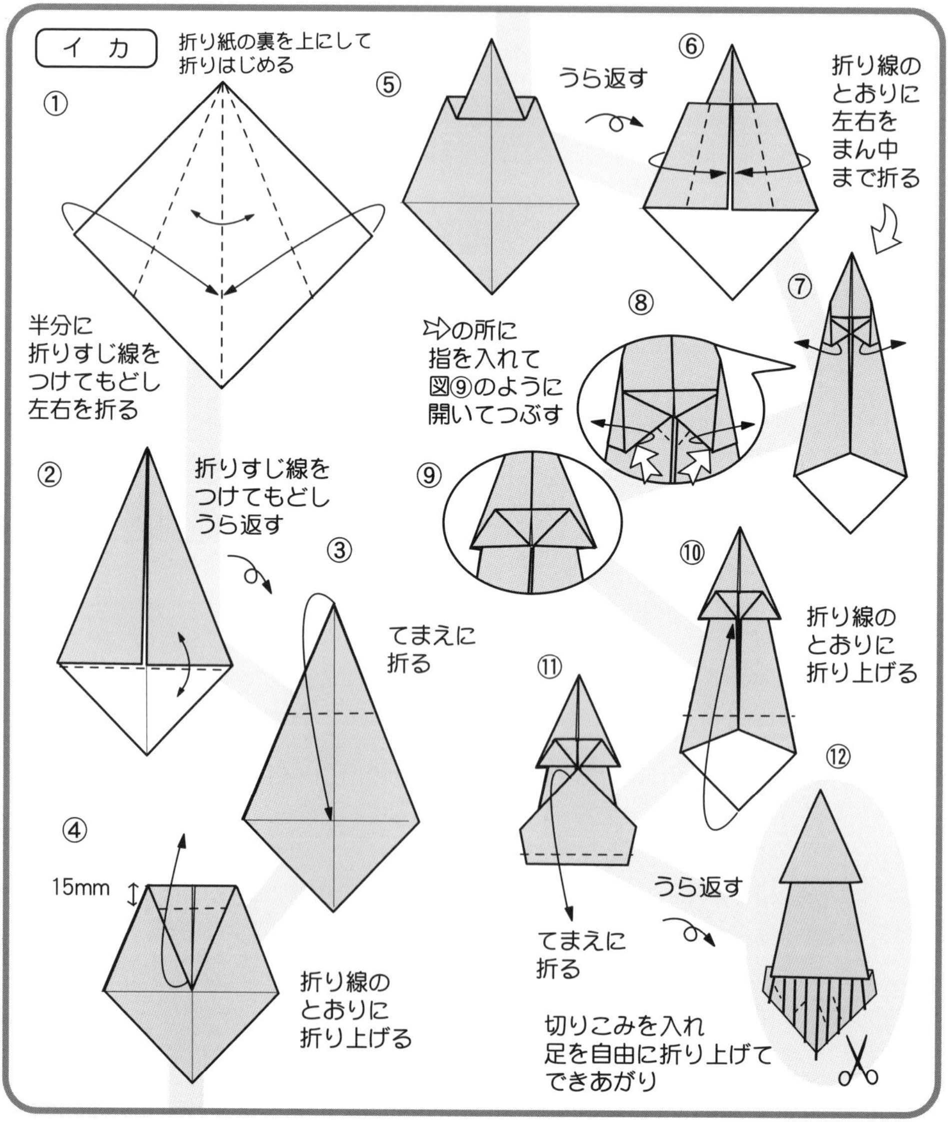

イ カ
折り紙の裏を上にして
折りはじめる
①
半分に
折りすじ線を
つけてもどし
左右を折る
②
折りすじ線を
つけてもどし
うら返す
③
てまえに
折る
④
15mm
折り線の
とおりに
折り上げる
⑤
うら返す
⑥
折り線の
とおりに
左右を
まん中
まで折る
⑦
⑧
⇨の所に
指を入れて
図⑨のように
開いてつぶす
⑨
⑩
折り線の
とおりに
折り上げる
⑪
てまえに
折る
うら返す
⑫
切りこみを入れ
足を自由に折り上げて
できあがり

エビ

▶p.20

作品づくりのアドバイス

折り図④の段に折る所から、２枚いっしょに折るため、やや厚みが出てきて折りにくいので、指先を上手に使い、ていねいに折っていきましょう。

使う折り紙：赤 １枚

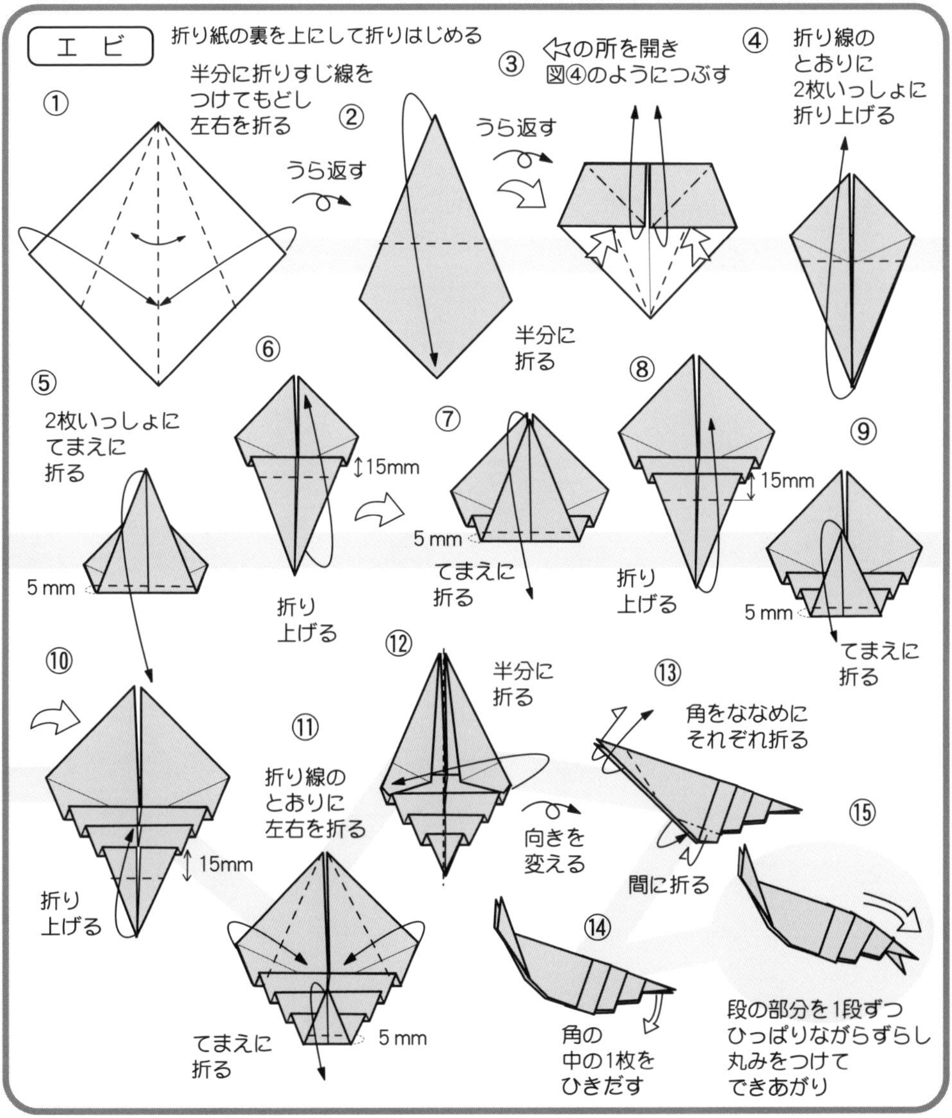

エ　ビ
折り紙の裏を上にして折りはじめる
①
半分に折りすじ線をつけてもどし左右を折る
うら返す
②
半分に折る
うら返す
③
⇦の所を開き図④のようにつぶす
④
折り線のとおりに2枚いっしょに折り上げる
⑤
2枚いっしょにてまえに折る
5 mm
⑥
15mm
折り上げる
⑦
5 mm
てまえに折る
⑧
15mm
折り上げる
⑨
5 mm
てまえに折る
⑩
15mm
折り上げる
⑪
折り線のとおりに左右を折る
5 mm
てまえに折る
⑫
半分に折る
向きを変える
⑬
角をななめにそれぞれ折る
間に折る
⑭
角の中の1枚をひきだす
⑮
段の部分を1段ずつひっぱりながらずらし丸みをつけてできあがり

難易度　★★

カニ

▶p.20

作品づくりのアドバイス

折り図⑪と⑬の所では、はさみでていねいに切りこみを入れましょう。切りこみを入れることで、カニの形の細かな表現ができます。

使う折り紙：赤／だいだい 1枚

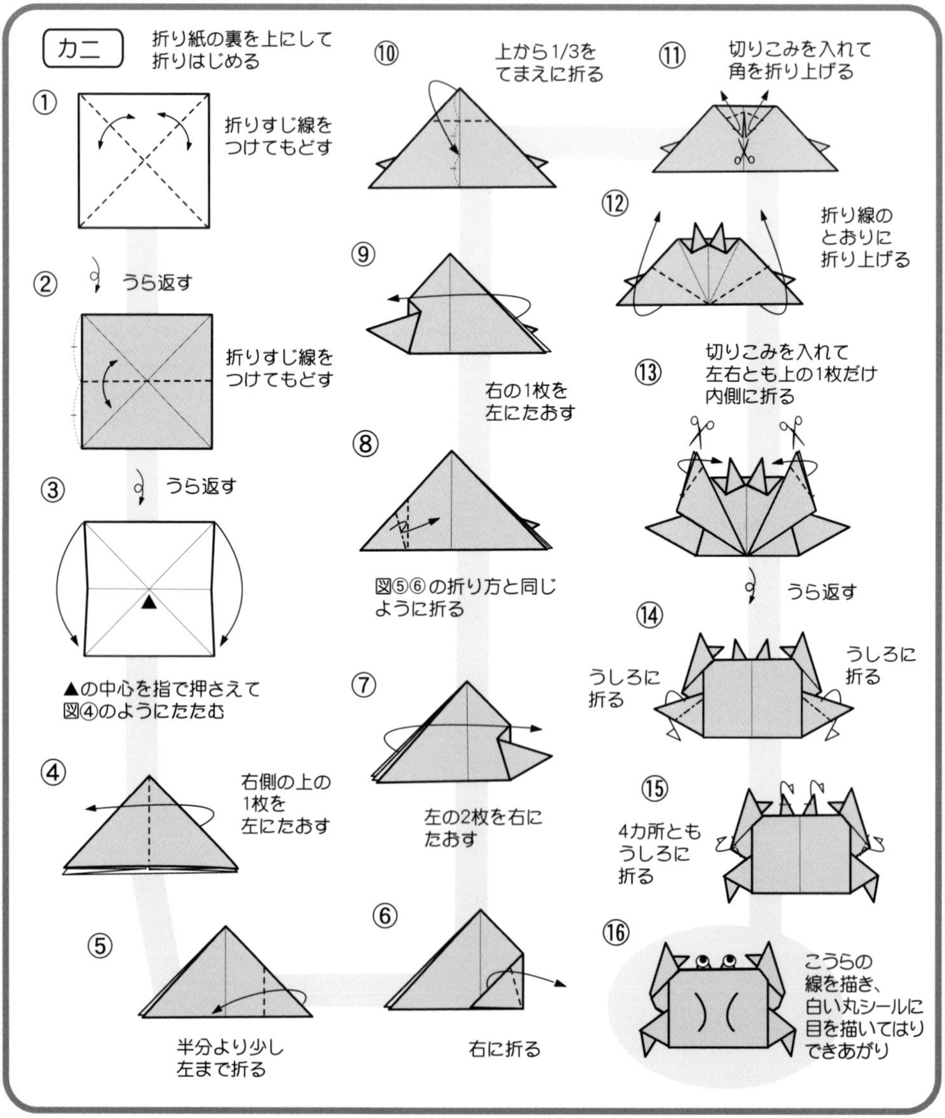

カニ
折り紙の裏を上にして
折りはじめる
①
折りすじ線を
つけてもどす
②
うら返す
折りすじ線を
つけてもどす
③
うら返す
▲の中心を指で押さえて
図④のようにたたむ
④
右側の上の
1枚を
左にたおす
⑤
半分より少し
左まで折る
⑥
右に折る
⑦
左の2枚を右に
たおす
⑧
図⑤⑥の折り方と同じ
ように折る
⑨
右の1枚を
左にたおす
⑩
上から1/3を
てまえに折る
⑪
切りこみを入れて
角を折り上げる
⑫
折り線の
とおりに
折り上げる
⑬
切りこみを入れて
左右とも上の1枚だけ
内側に折る
うら返す
⑭
うしろに
折る
うしろに
折る
⑮
4カ所とも
うしろに
折る
⑯
こうらの
線を描き、
白い丸シールに
目を描いてはり
できあがり

難易度 ★★

サンマ

▶p.21

作品づくりのアドバイス

銀色や灰色の折り紙を使って折りましょう。目には白い丸シールをはり、その中にペンで目玉を黒く描いて、背模様も青く描き入れます。

使う折り紙：銀/灰 1枚

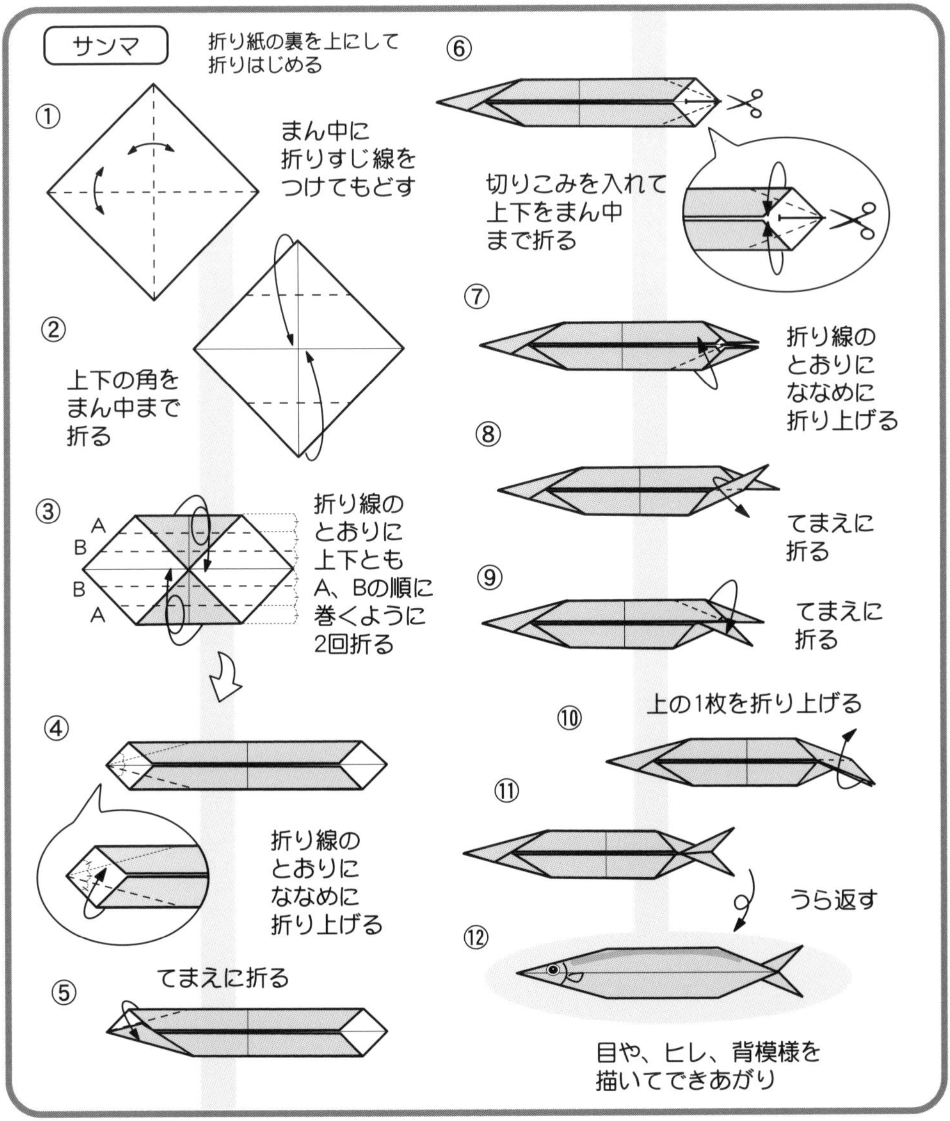

サンマ
折り紙の裏を上にして折りはじめる
①
まん中に折りすじ線をつけてもどす
②
上下の角をまん中まで折る
③
A
B
B
A
折り線のとおりに上下ともA、Bの順に巻くように2回折る
④
折り線のとおりにななめに折り上げる
⑤
てまえに折る
⑥
切りこみを入れて上下をまん中まで折る
⑦
折り線のとおりにななめに折り上げる
⑧
てまえに折る
⑨
てまえに折る
⑩
上の1枚を折り上げる
⑪
うら返す
⑫
目や、ヒレ、背模様を描いてできあがり

イワシ

▶p.21

作品づくりのアドバイス

イワシは、銀色の折り紙を使って折ってもよいでしょう。目の部分には、白い丸シールをはり、目玉を自由に描きましょう。

使う折り紙：灰／銀 1枚

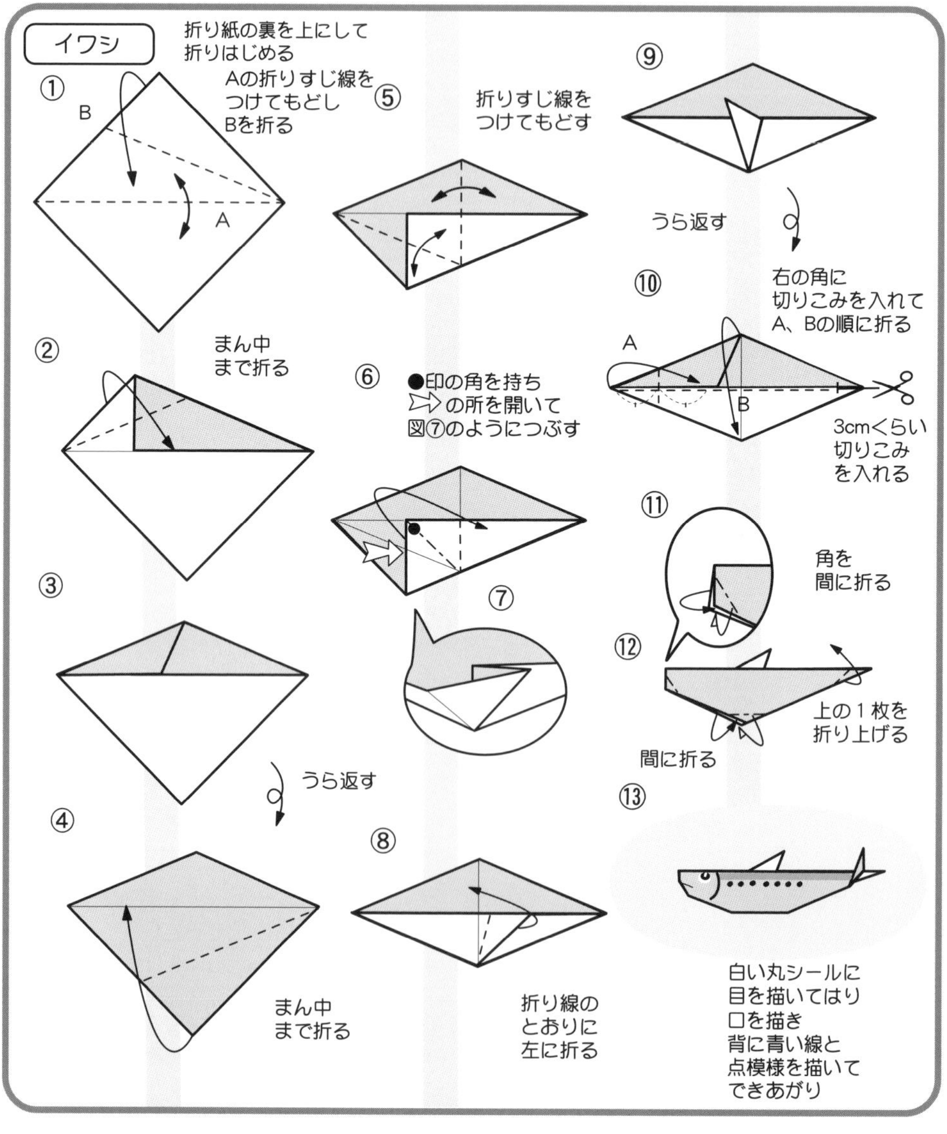

イワシ
折り紙の裏を上にして
折りはじめる
①
Aの折りすじ線を
つけてもどし
Bを折る
B
A
②
まん中
まで折る
③
うら返す
④
まん中
まで折る
⑤
折りすじ線を
つけてもどす
⑥
●印の角を持ち
⇨の所を開いて
図⑦のようにつぶす
⑦
⑧
折り線の
とおりに
左に折る
⑨
うら返す
⑩
右の角に
切りこみを入れて
A、Bの順に折る
A
B
3cmくらい
切りこみ
を入れる
⑪
角を
間に折る
⑫
上の１枚を
折り上げる
間に折る
⑬
白い丸シールに
目を描いてはり
口を描き
背に青い線と
点模様を描いて
できあがり

難易度　★★

タイ

▶p.22

作品づくりのアドバイス

タイには、オレンジ色や赤の折り紙を使ってもきれいです。折り図②の所は、山折り、谷折り線をよく見て折りましょう。

使う折り紙：オレンジ／赤 1枚

タ　イ

折り紙の裏を上にして
折りはじめる

①

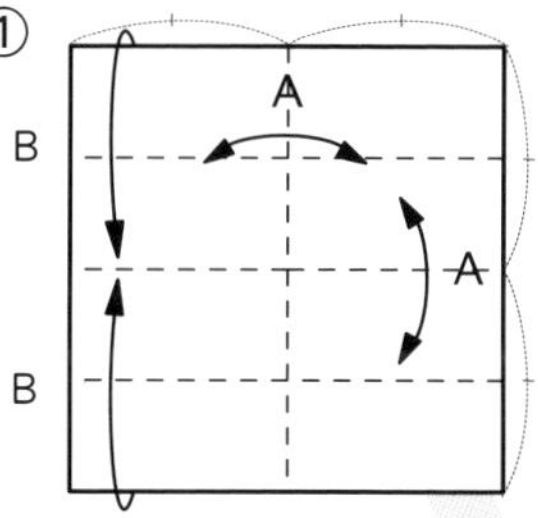

Aの折りすじ線を
つけてから
上下Bをまん中
まで折る

②

A（谷折り線）
B（山折り線）
C（谷折り線）
の順に
折りすじ線を
つけてもどし
中心▼を押し
図③のように
折りたたむ

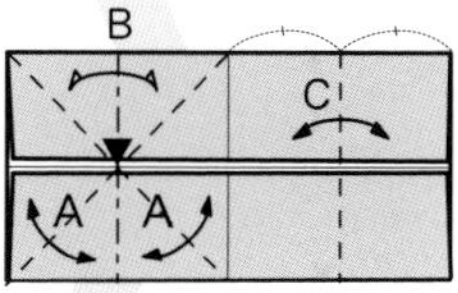

③

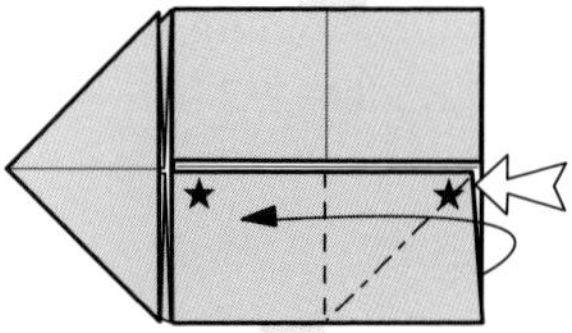

折りすじ線を
つけてもどし
★印を合わせる
ように⇦の
所を開き
図④のように
折りたたむ

④

折りすじ線を
つけて
もどす

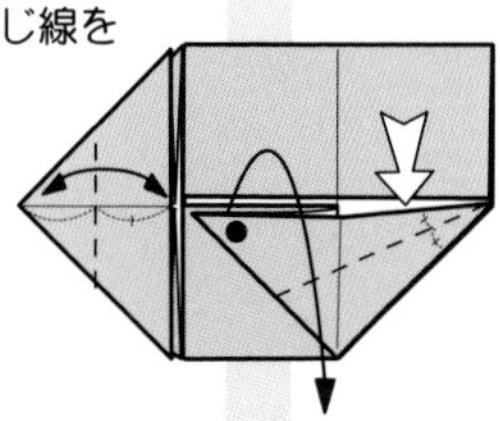

●印の角を持って
⇦の所を
開きながら
てまえに折り
図⑤のように
折りたたむ

⑤

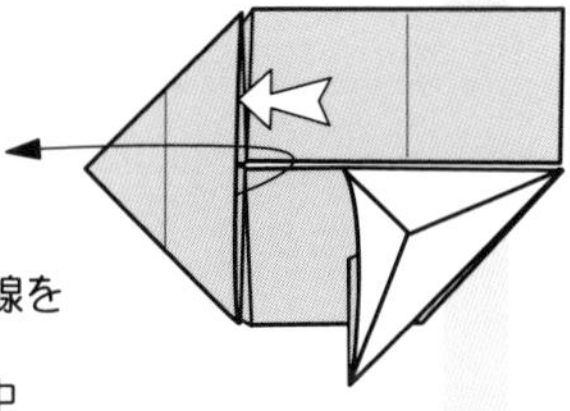

⇦の所を
矢印の方向に
開きつぶしながら
図⑥のように
折りたたむ

⑥

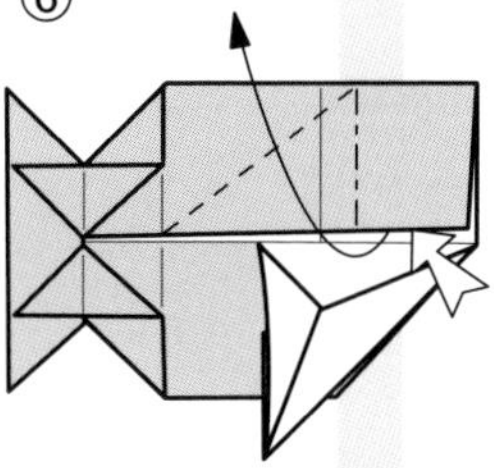

折り線のとおりに
⇦の所を
矢印の方向に開き
図⑦のように
折りたたむ

⑦

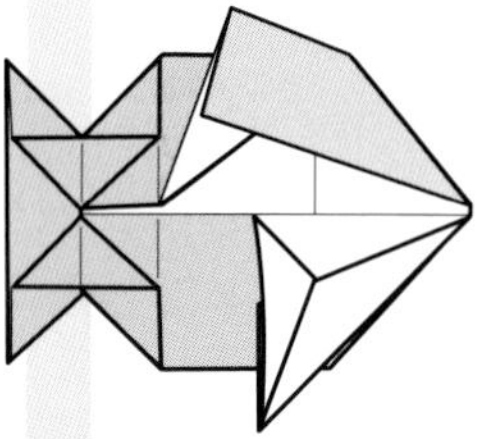

うら返す

⑧

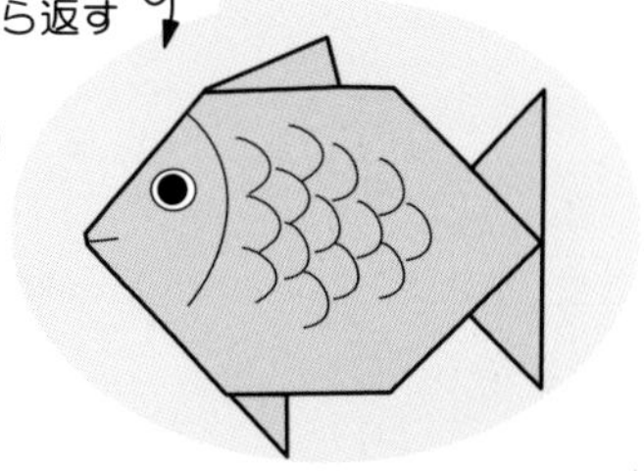

白い丸シールに目を描いてはり、
口、うろこを描いてできあがり

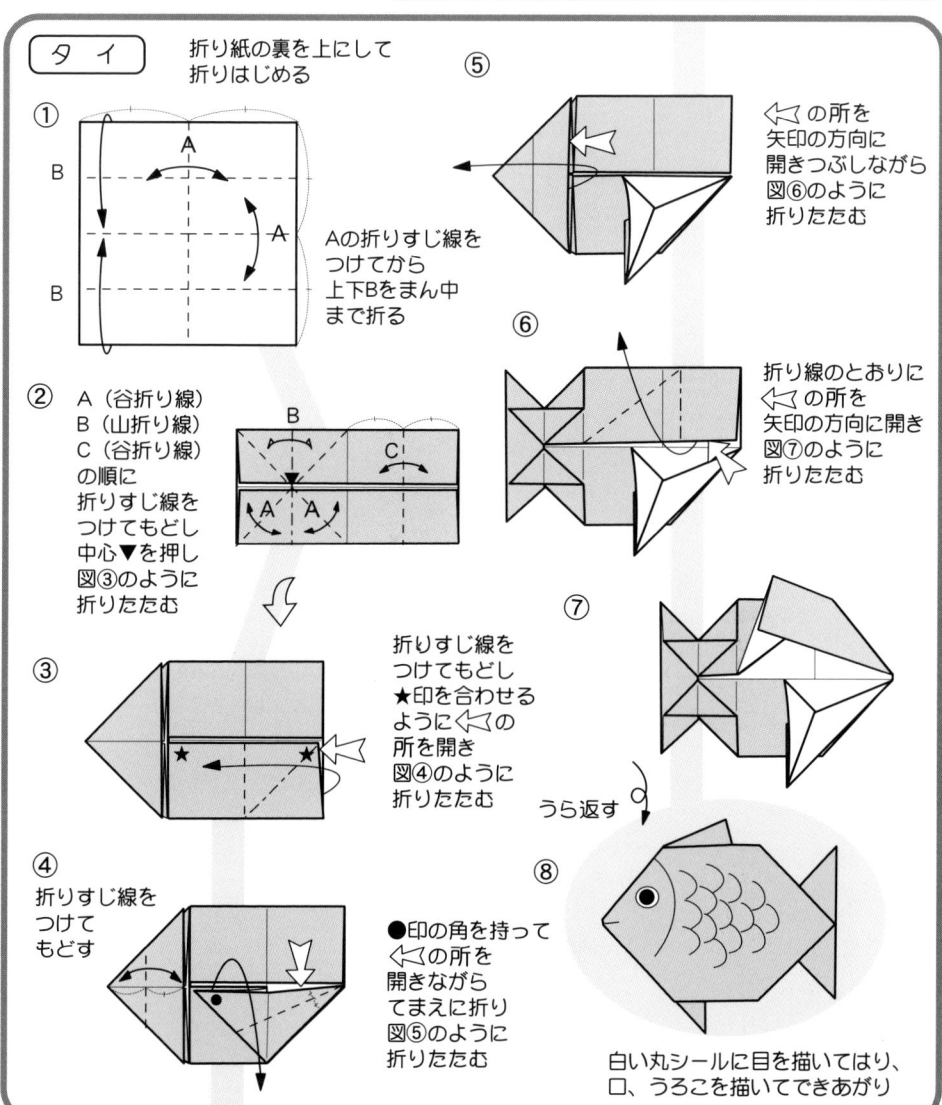

ハマグリ

▶p.22

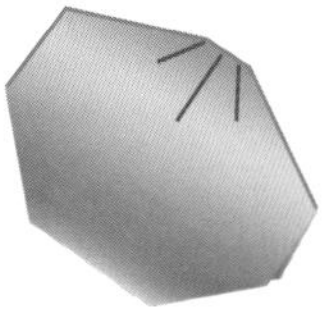

作品づくりのアドバイス

ハマグリは、貝がらが立体的に折り上がります。15cm角か、それより小さいうす茶などの折り紙で、大小いくつか折ってみましょう。

使う折り紙：好きな色 1枚

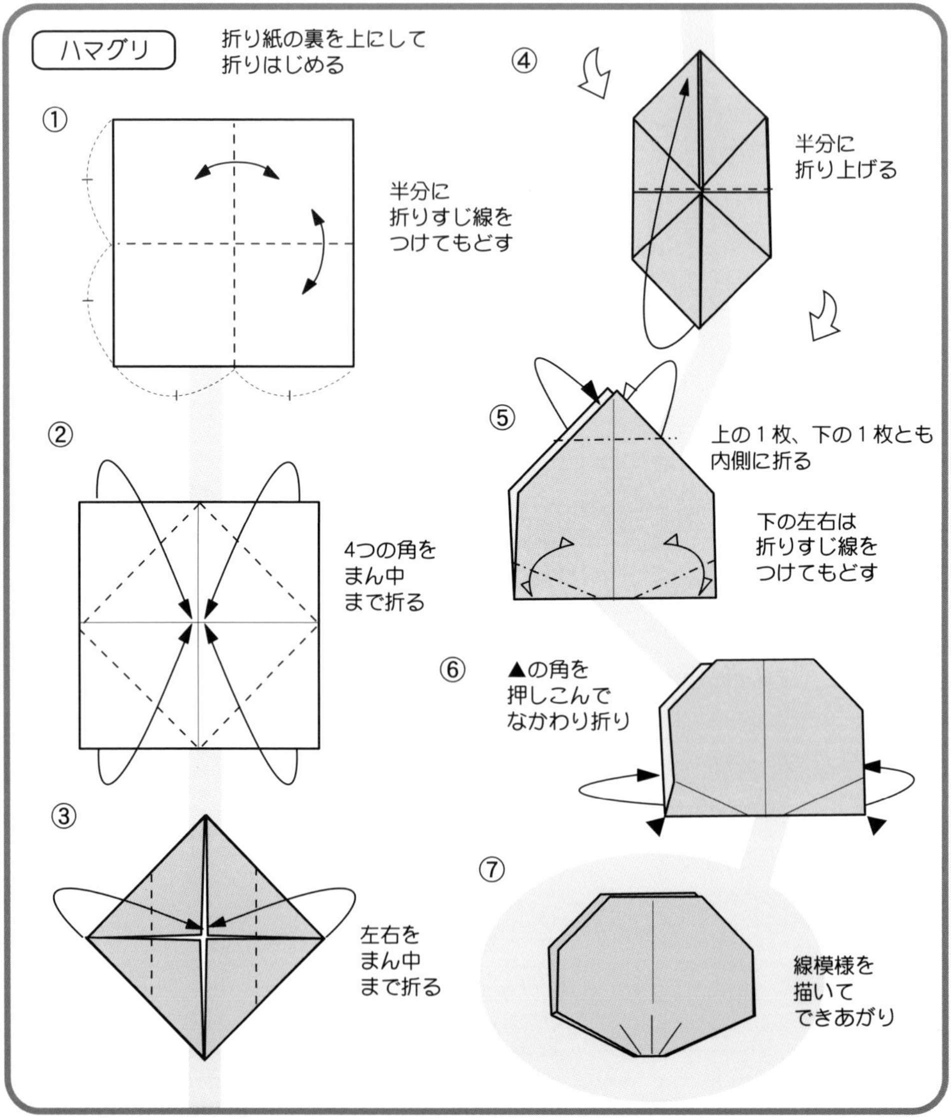

ハマグリ
折り紙の裏を上にして
折りはじめる
①
半分に
折りすじ線を
つけてもどす
②
4つの角を
まん中
まで折る
③
左右を
まん中
まで折る
④
半分に
折り上げる
⑤
上の1枚、下の1枚とも
内側に折る
下の左右は
折りすじ線を
つけてもどす
⑥
▲の角を
押しこんで
なかわり折り
⑦
線模様を
描いて
できあがり

難易度　★★

うし ▶p.23

作品づくりのアドバイス

30㎝角くらいの大きな折り紙を使って折ると、よりダイナミックなうしができあがります。顔や体の黒いブチ、尻尾や乳等を自由に描きます。

使う折り紙：白 2枚

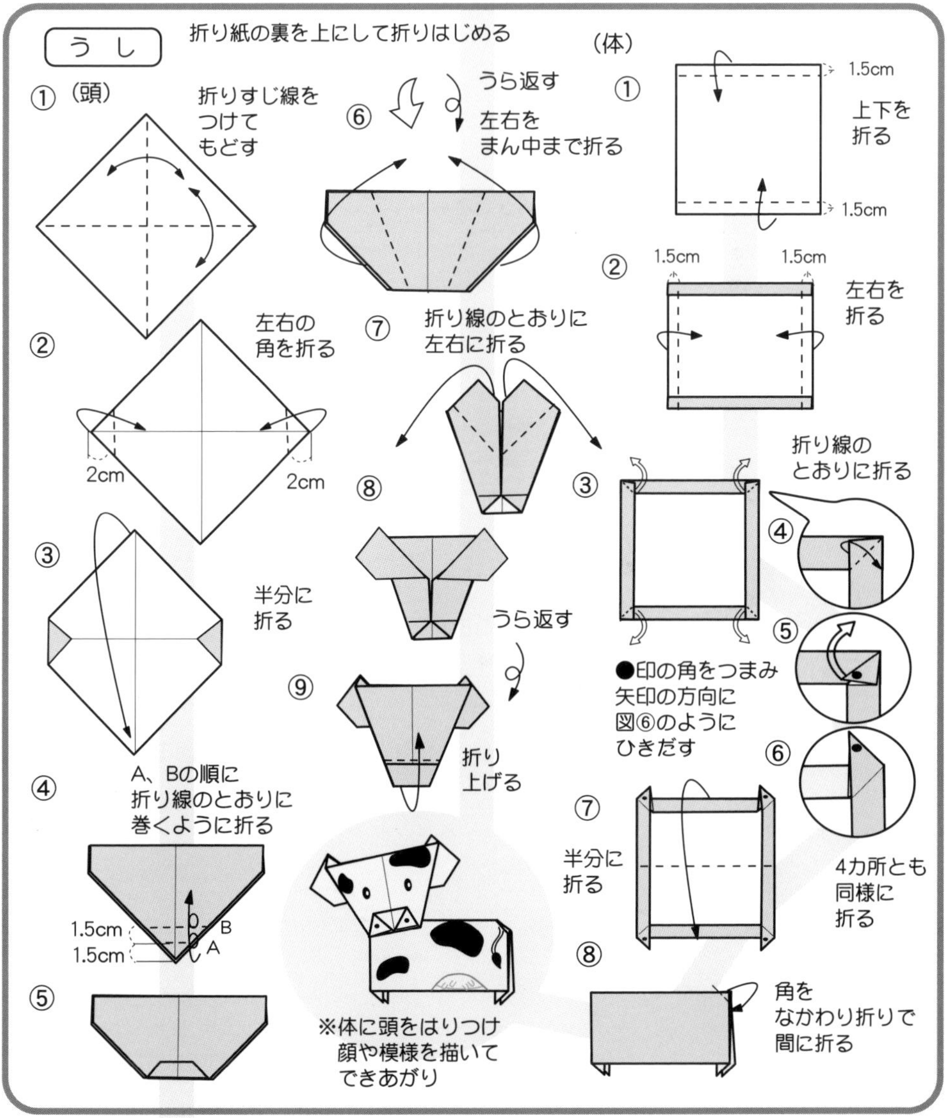

うし
折り紙の裏を上にして折りはじめる
①（頭）
折りすじ線をつけてもどす
②
左右の角を折る
2cm
2cm
③
半分に折る
④
A、Bの順に折り線のとおりに巻くように折る
1.5cm
1.5cm
B
A
⑤
⑥
うら返す
左右をまん中まで折る
⑦
折り線のとおりに左右に折る
⑧
うら返す
⑨
折り上げる
※体に頭をはりつけ顔や模様を描いてできあがり
（体）
①
1.5cm
上下を折る
1.5cm
②
1.5cm
1.5cm
左右を折る
③
折り線のとおりに折る
④
⑤
●印の角をつまみ矢印の方向に図⑥のようにひきだす
⑥
4カ所とも同様に折る
⑦
半分に折る
⑧
角をなかわり折りで間に折る

難易度　★★

牛乳とチーズ

▶p.23

MILK

作品づくりのアドバイス

牛乳のびんを、茶色の折り紙で折って、コーヒー牛乳、ピンクの折り紙で折って、イチゴミルクにしたりと、工夫して楽しみましょう。

使う折り紙：白 1枚、もも 1枚、黄 1枚、銀 1/2枚

牛乳

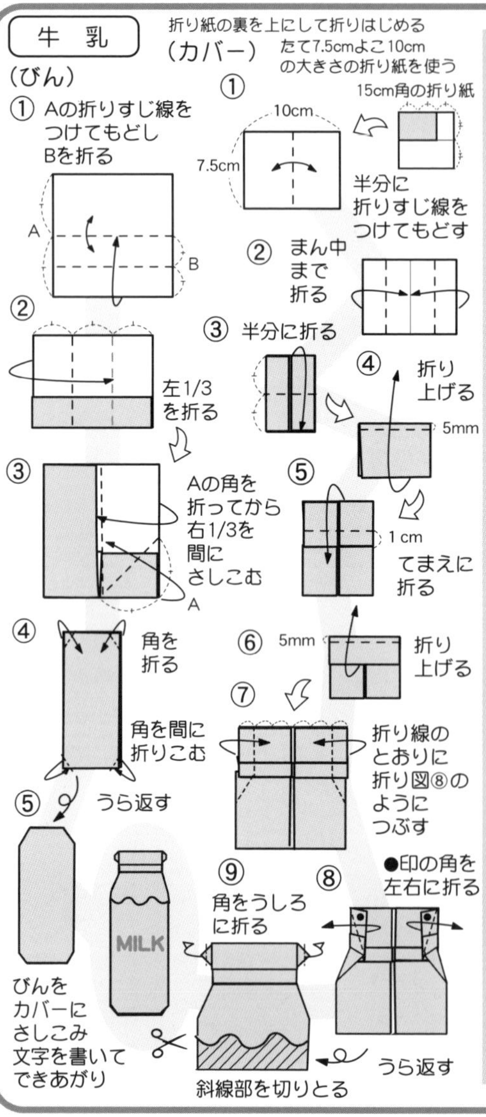
(びん)
① Aの折りすじ線をつけてもどしBを折る
A
B
②
左1/3を折る
③
Aの角を折ってから右1/3を間にさしこむ
A
④
角を折る
角を間に折りこむ
うら返す
⑤
びんをカバーにさしこみ文字を書いてできあがり
MILK
折り紙の裏を上にして折りはじめる
(カバー)
たて7.5cmよこ10cmの大きさの折り紙を使う
①
15cm角の折り紙
10cm
7.5cm
半分に折りすじ線をつけてもどす
② まん中まで折る
③ 半分に折る
④ 折り上げる
5mm
⑤
1 cm
てまえに折る
⑥ 5mm
折り上げる
⑦
折り線のとおりに折り図⑧のようにつぶす
⑨ 角をうしろに折る
⑧ ●印の角を左右に折る
うら返す
斜線部を切りとる

チーズ

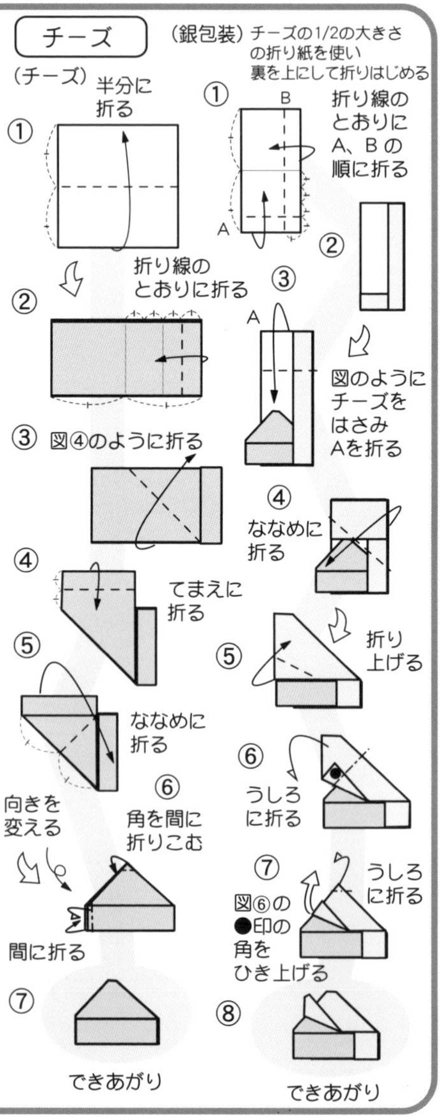
(チーズ)
① 半分に折る
② 折り線のとおりに折る
③ 図④のように折る
④ てまえに折る
⑤ ななめに折る
⑥ 角を間に折りこむ
向きを変える
間に折る
⑦
できあがり
(銀包装) チーズの1/2の大きさの折り紙を使い裏を上にして折りはじめる
① 折り線のとおりにA、Bの順に折る
B
A
②
③
A
図のようにチーズをはさみAを折る
④ ななめに折る
⑤ 折り上げる
⑥ うしろに折る
⑦ 図⑥の●印の角をひき上げる
うしろに折る
⑧
できあがり

ぶた ▶p.24

作品づくりのアドバイス

ぶたは、肌色やうすいピンク、うす茶色などの折り紙を使って折りましょう。作品は、立てて飾ることができます。折り上がった作品にペンなどで、自由に顔を描きましょう。

使う折り紙：肌 2枚

ぶ　た　折り紙の裏を上にして折りはじめる

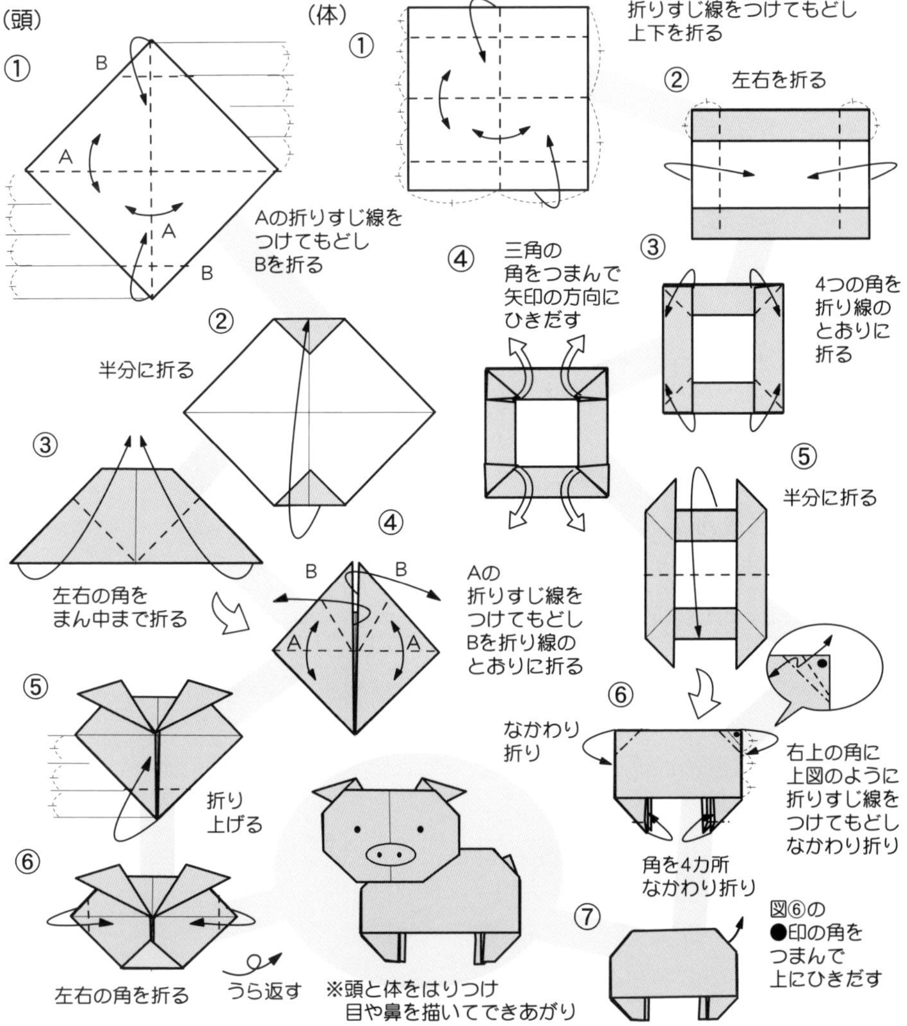

（頭）
①
B
A
A
B
Aの折りすじ線をつけてもどしBを折る
②
半分に折る
③
左右の角をまん中まで折る
④
B
B
A
A
Aの折りすじ線をつけてもどしBを折り線のとおりに折る
⑤
折り上げる
⑥
左右の角を折る
うら返す
※頭と体をはりつけ目や鼻を描いてできあがり
（体）
①
たて、よこ半分に折りすじ線をつけてもどし上下を折る
②
左右を折る
③
4つの角を折り線のとおりに折る
④
三角の角をつまんで矢印の方向にひきだす
⑤
半分に折る
⑥
なかわり折り
右上の角に上図のように折りすじ線をつけてもどしなかわり折り
角を4カ所なかわり折り
⑦
図⑥の●印の角をつまんで上にひきだす

にわとりとたまご

▶p.24・25

作品づくりのアドバイス

ボウルやたまごとのバランスをとるために、にわとりは30㎝角ほどの大きな折り紙で、ダイナミックに折りましょう。たまごは、肌色や白で折ります。

使う折り紙：白／クリーム 1枚、肌／白 1/4枚、好きな色 1枚

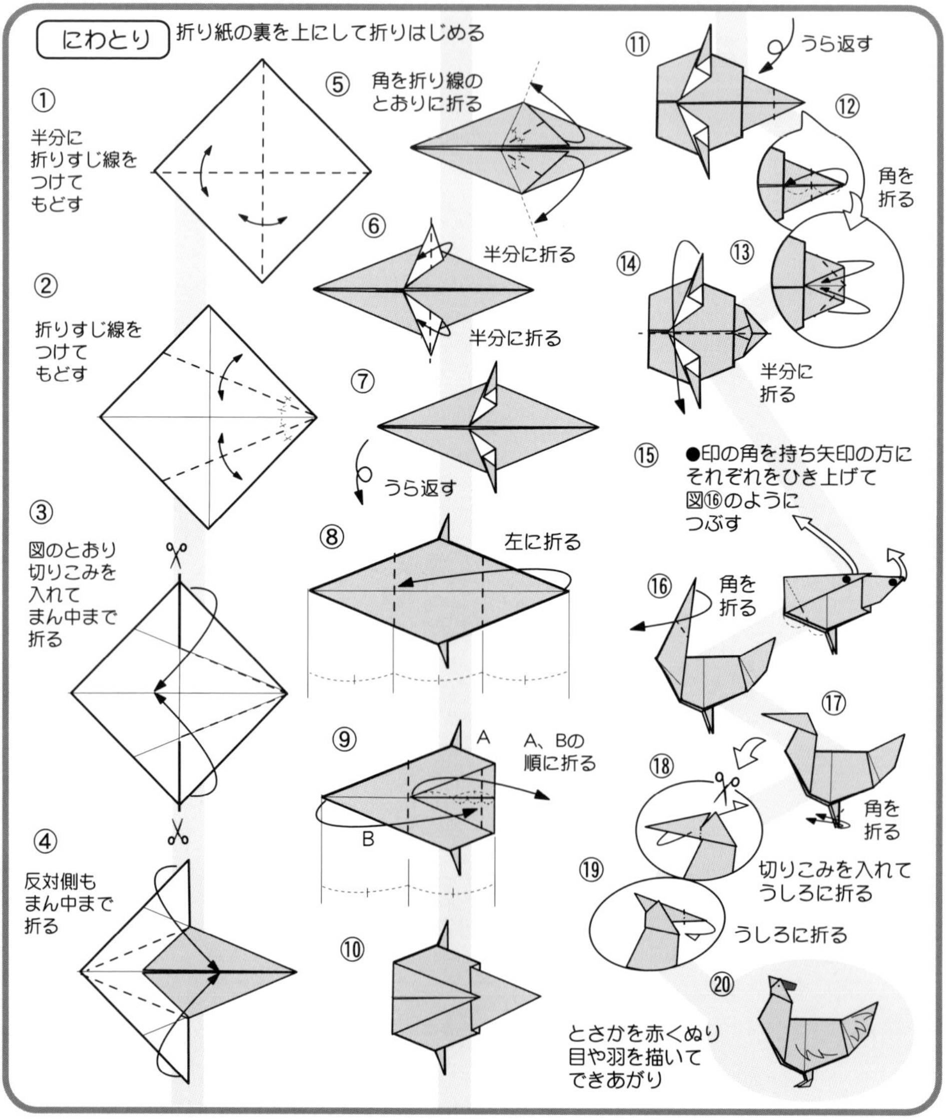

にわとり
折り紙の裏を上にして折りはじめる
①
半分に
折りすじ線を
つけて
もどす
②
折りすじ線を
つけて
もどす
③
図のとおり
切りこみを
入れて
まん中まで
折る
④
反対側も
まん中まで
折る
⑤
角を折り線の
とおりに折る
⑥
半分に折る
半分に折る
⑦
うら返す
⑧
左に折る
⑨
A
A、Bの
順に折る
B
⑩
⑪
うら返す
⑫
角を
折る
⑬
⑭
半分に
折る
⑮
●印の角を持ち矢印の方に
それぞれをひき上げて
図⑯のように
つぶす
⑯
角を
折る
⑰
角を
折る
⑱
切りこみを入れて
うしろに折る
⑲
うしろに折る
⑳
とさかを赤くぬり
目や羽を描いて
できあがり

アレンジ　かご盛りたまご

ボウルを25cm角ほどの大きさの折り紙で折り、線模様を描いて、かごにします。10cm角の大きさの折り紙を使った、実物大のたまごを折って、かごに入れましょう。

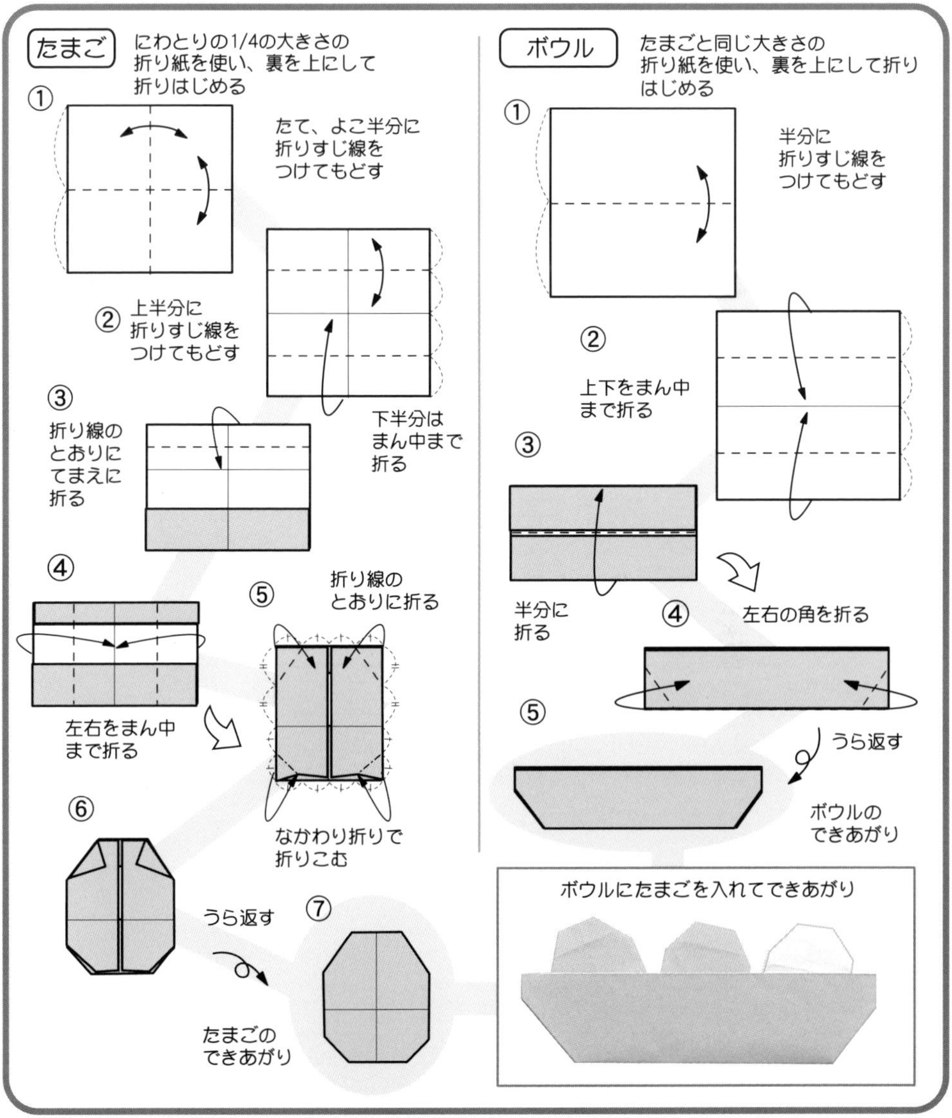
たまご
にわとりの1/4の大きさの折り紙を使い、裏を上にして折りはじめる
①
たて、よこ半分に折りすじ線をつけてもどす
②
上半分に折りすじ線をつけてもどす
下半分はまん中まで折る
③
折り線のとおりにてまえに折る
④
左右をまん中まで折る
⑤
折り線のとおりに折る
なかわり折りで折りこむ
⑥
うら返す
⑦
たまごのできあがり
ボウル
たまごと同じ大きさの折り紙を使い、裏を上にして折りはじめる
①
半分に折りすじ線をつけてもどす
②
上下をまん中まで折る
③
半分に折る
④
左右の角を折る
⑤
うら返す
ボウルのできあがり
ボウルにたまごを入れてできあがり

難易度　★★

めだまやき

▶p.25

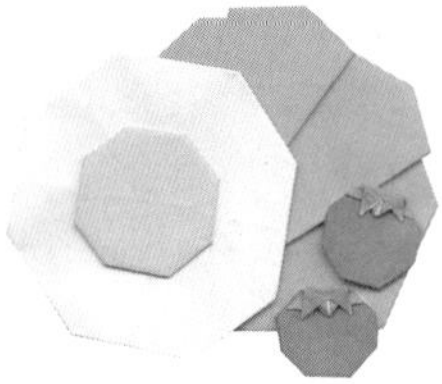

作品づくりのアドバイス

折り上げたレタスは、左右にひっぱり少しひろげます。ミニトマト（p.46）をいくつか、いろどりよくそえましょう。

使う折り紙：白 1枚、黄 1/4枚、黄緑 1枚

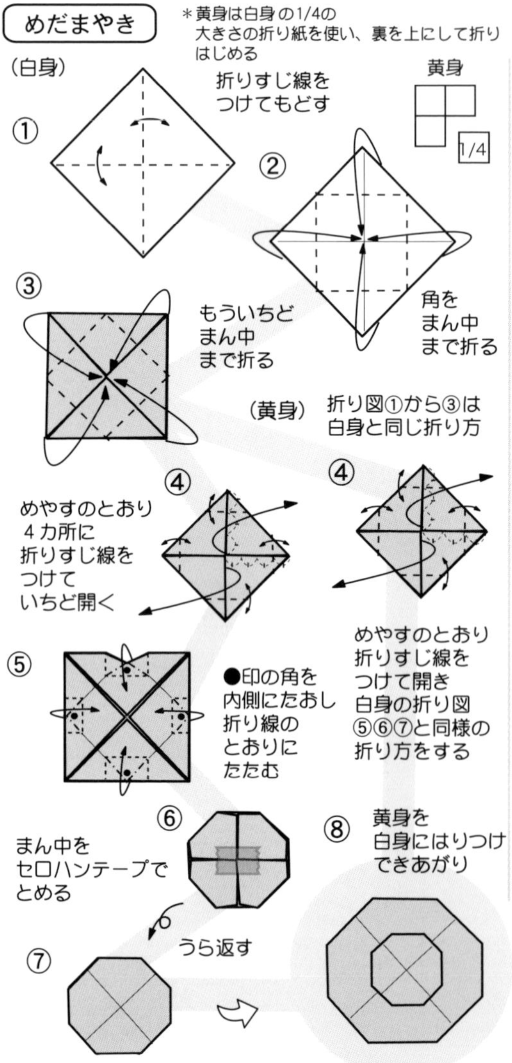
めだまやき
＊黄身は白身の1/4の大きさの折り紙を使い、裏を上にして折りはじめる
（白身）
黄身
1/4
①
折りすじ線をつけてもどす
②
角をまん中まで折る
③
もういちどまん中まで折る
（黄身）
折り図①から③は白身と同じ折り方
④
めやすのとおり4カ所に折りすじ線をつけていちど開く
④
めやすのとおり折りすじ線をつけて開き白身の折り図⑤⑥⑦と同様の折り方をする
⑤
●印の角を内側にたおし折り線のとおりにたたむ
⑥
まん中をセロハンテープでとめる
⑦
うら返す
⑧
黄身を白身にはりつけできあがり

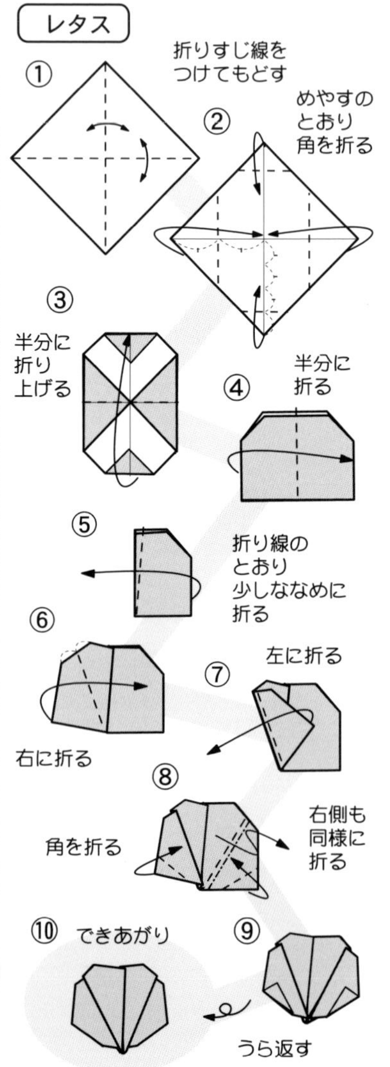
レタス
①
折りすじ線をつけてもどす
②
めやすのとおり角を折る
③
半分に折り上げる
④
半分に折る
⑤
折り線のとおり少しななめに折る
⑥
右に折る
⑦
左に折る
⑧
角を折る
右側も同様に折る
⑨
うら返す
⑩
できあがり

難易度　★★

釜めし

▶p.26

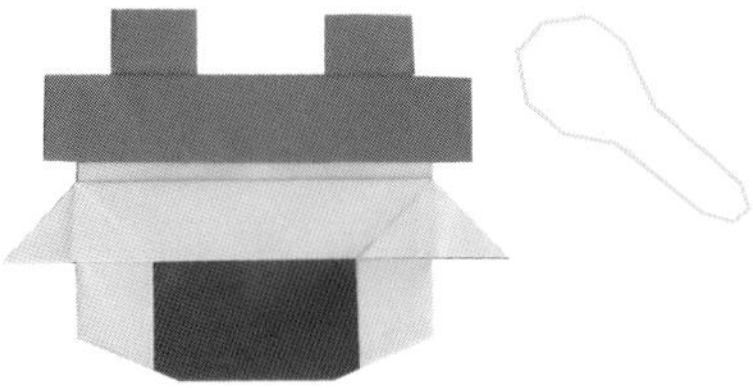

作品づくりのアドバイス

お釜のふたを黄土色、底の部分を茶色、しゃもじを水色にするなど、折り紙の色を自由に変えて折ってみましょう。

使う折り紙：黒 1枚、灰 1枚、茶 1枚、白1/3枚

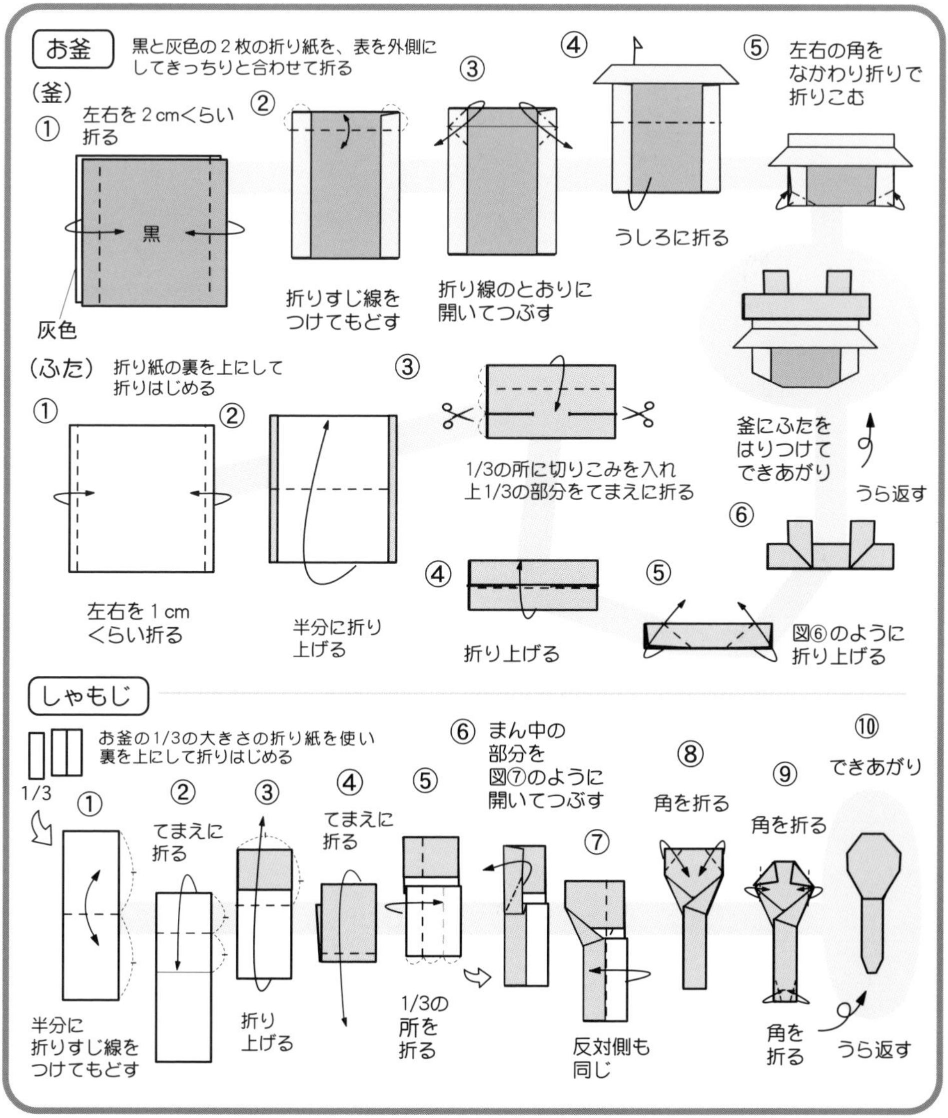
お釜
黒と灰色の2枚の折り紙を、表を外側にしてきっちりと合わせて折る
（釜）
① 左右を2cmくらい折る
黒
灰色
② 折りすじ線をつけてもどす
③ 折り線のとおりに開いてつぶす
④ うしろに折る
⑤ 左右の角をなかわり折りで折りこむ
釜にふたをはりつけてできあがり
うら返す
（ふた） 折り紙の裏を上にして折りはじめる
① 左右を1cmくらい折る
② 半分に折り上げる
③ 1/3の所に切りこみを入れ上1/3の部分をてまえに折る
④ 折り上げる
⑤ 図⑥のように折り上げる
⑥
しゃもじ
お釜の1/3の大きさの折り紙を使い裏を上にして折りはじめる
1/3
① 半分に折りすじ線をつけてもどす
② てまえに折る
③ 折り上げる
④ てまえに折る
⑤ 1/3の所を折る
⑥ まん中の部分を図⑦のように開いてつぶす
⑦ 反対側も同じ
⑧ 角を折る
⑨ 角を折る
角を折る
うら返す
⑩ できあがり

難易度 ★★★

天丼

▶p.26

作品づくりのアドバイス

衣の中のエビは厚みが出るので、角をなかわり折りにするときには、爪を使ってしっかりと折りこみます。どんぶりには、好きな柄の折り紙を使いましょう。

使う折り紙：赤 2枚、黄 2枚、好きな色・柄 1枚

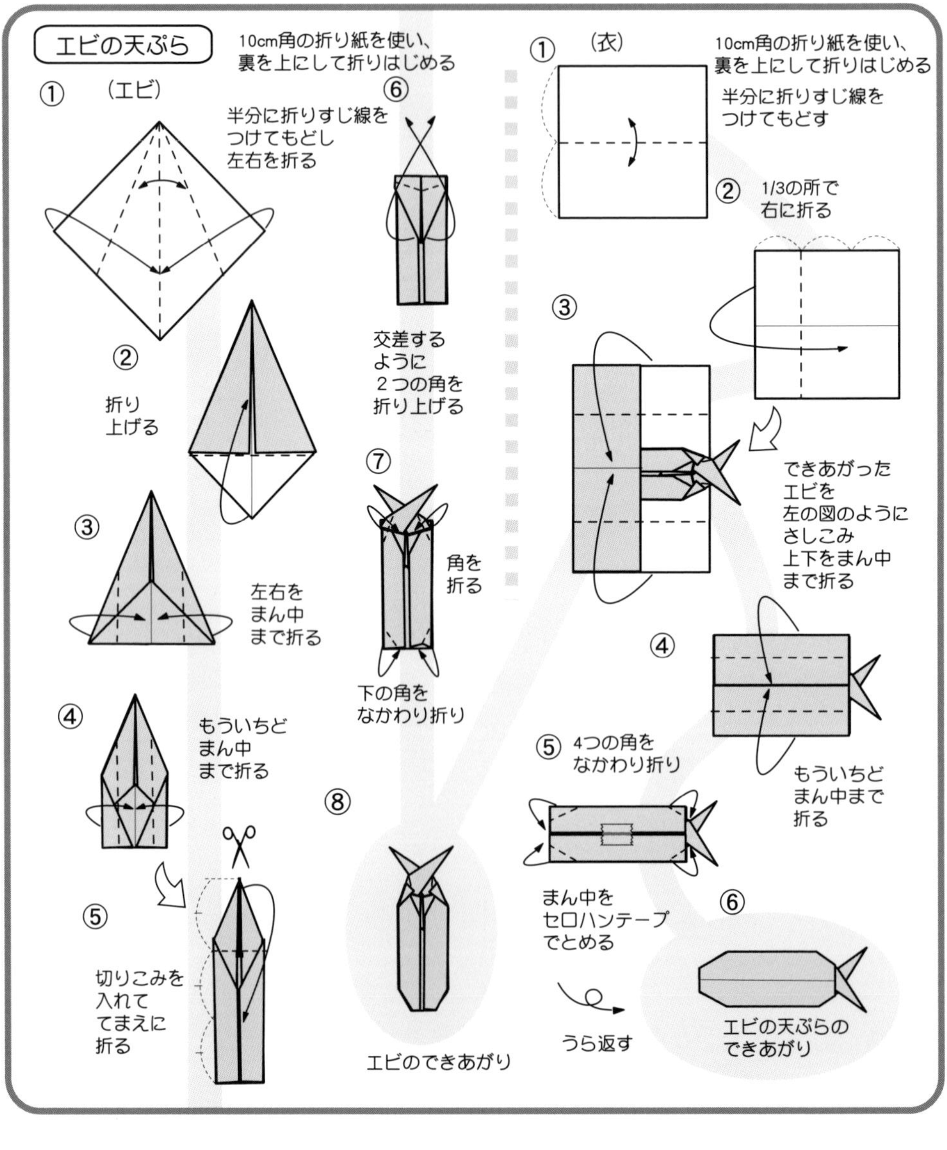

エビの天ぷら
10cm角の折り紙を使い、裏を上にして折りはじめる
①（エビ）
半分に折りすじ線をつけてもどし左右を折る
②
折り上げる
③
左右をまん中まで折る
④
もういちどまん中まで折る
⑤
切りこみを入れててまえに折る
⑥
交差するように2つの角を折り上げる
⑦
角を折る
下の角をなかわり折り
⑧
エビのできあがり
①（衣）
10cm角の折り紙を使い、裏を上にして折りはじめる
半分に折りすじ線をつけてもどす
②
1/3の所で右に折る
③
できあがったエビを左の図のようにさしこみ上下をまん中まで折る
④
もういちどまん中まで折る
⑤
4つの角をなかわり折り
まん中をセロハンテープでとめる
うら返す
⑥
エビの天ぷらのできあがり

アレンジ　エビフライ

衣には黄土色の折り紙を使い、点模様を描きます。お皿に、レタスといっしょに盛りつけましょう。

折り方参照：レタスp.88／皿p.97

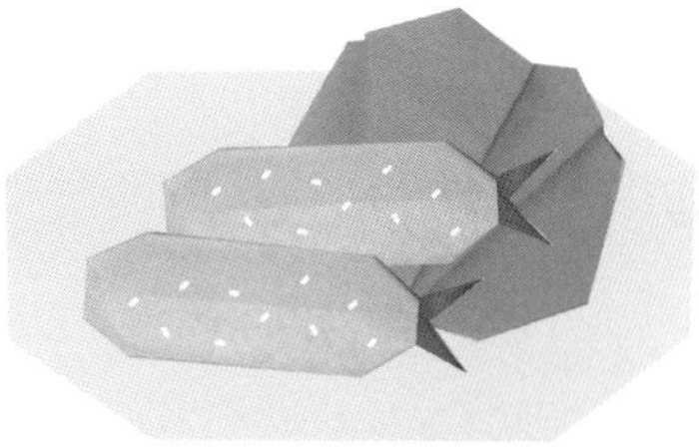

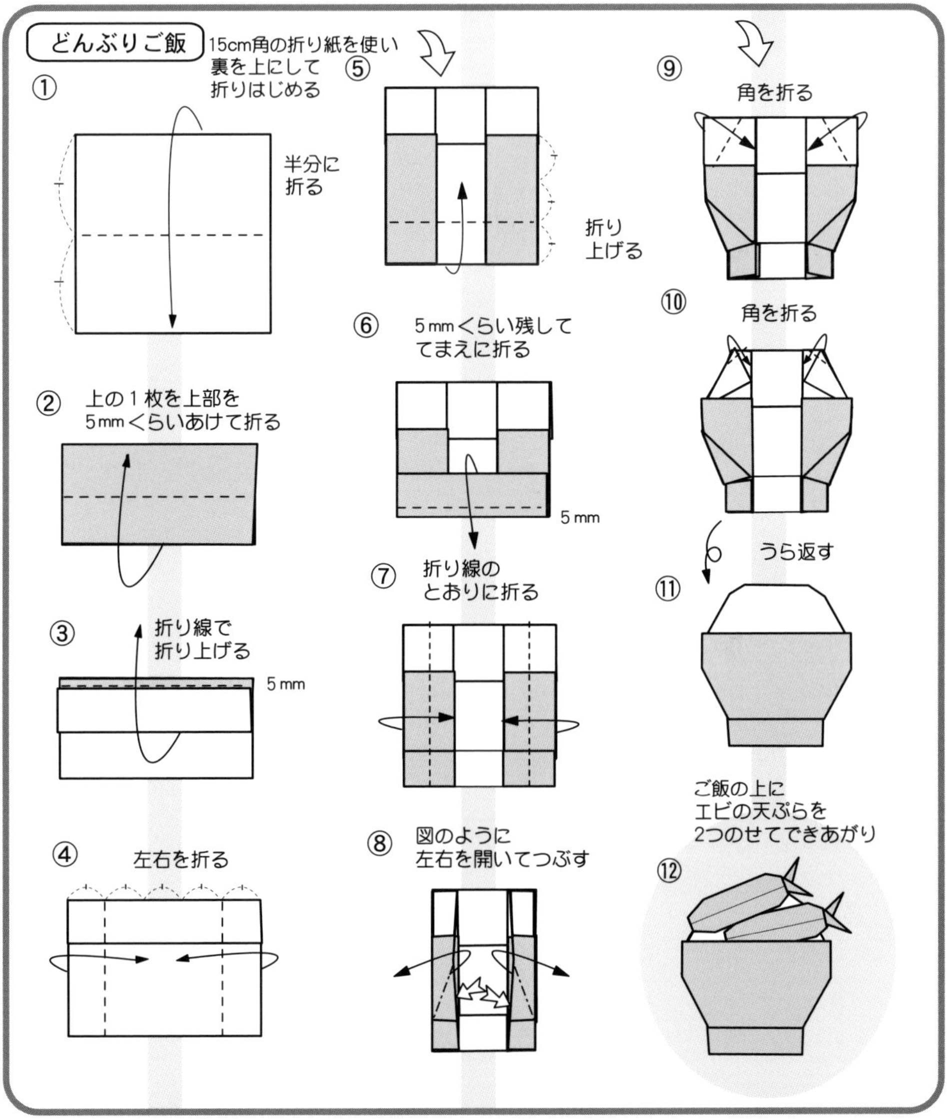

どんぶりご飯
15cm角の折り紙を使い
裏を上にして
折りはじめる
①
半分に
折る
②
上の１枚を上部を
５mmくらいあけて折る
③
折り線で
折り上げる
５mm
④
左右を折る
⑤
折り
上げる
⑥
５mmくらい残して
てまえに折る
５mm
⑦
折り線の
とおりに折る
⑧
図のように
左右を開いてつぶす
⑨
角を折る
⑩
角を折る
うら返す
⑪
ご飯の上に
エビの天ぷらを
2つのせてできあがり
⑫

難易度　★★

恵方巻《えほうま》きとお吸《す》い物《もの》

▶p.27

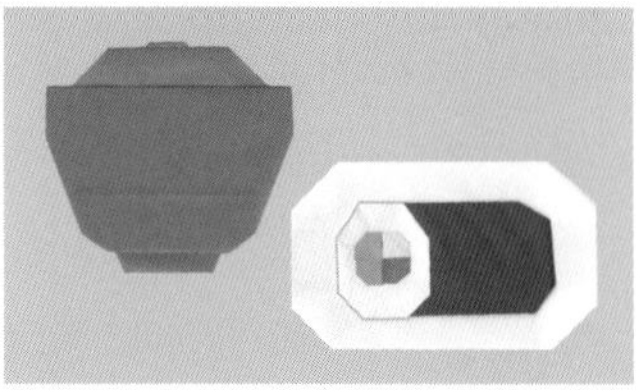

作品づくりのアドバイス

恵方巻きには、15㎝より少し大きめの折り紙を使うと、実物に近い太くておいしそうな恵方巻きになります。具は自由にはりましょう。

使う折り紙：黒 1枚、黄・緑・朱・茶 2㎝角×各1枚、好きな色 1枚、赤茶 1枚

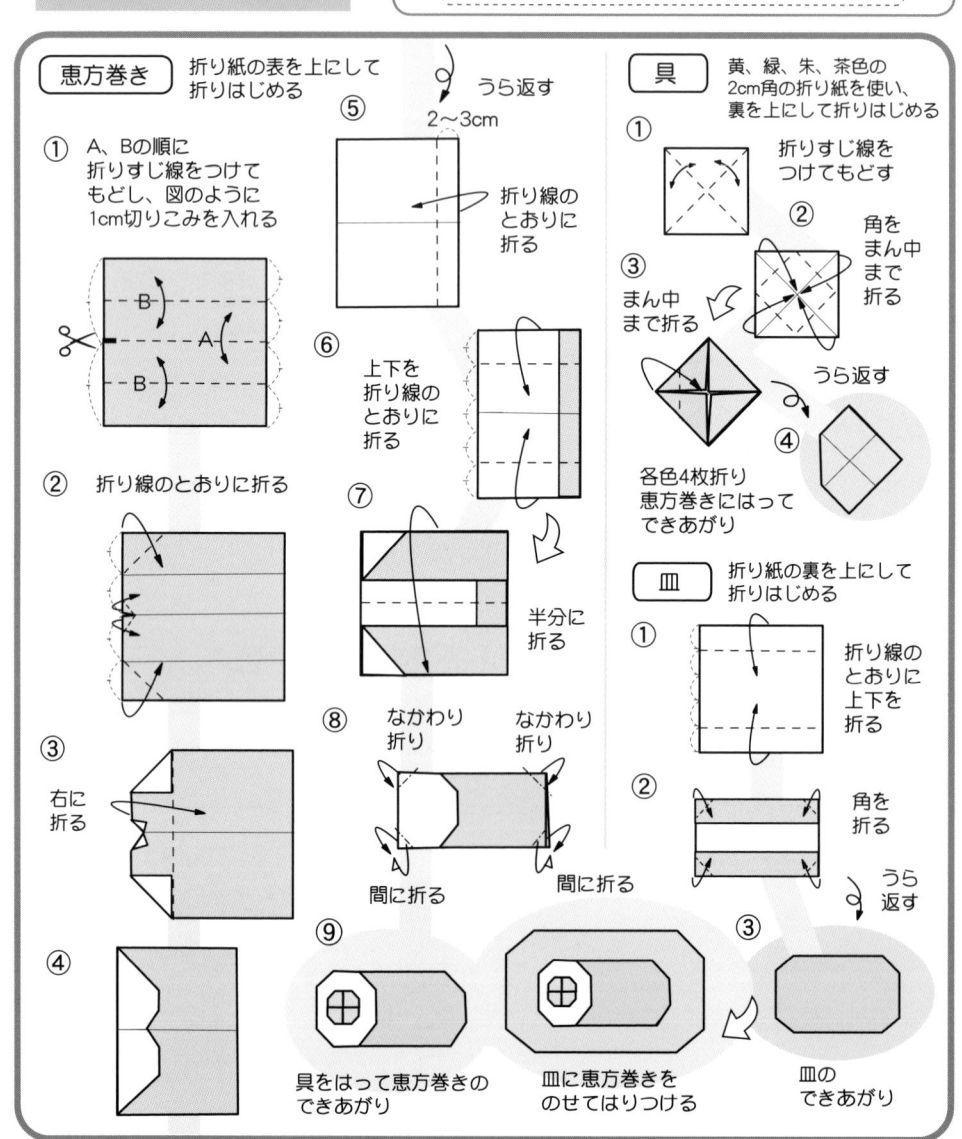

恵方巻き

折り紙の表を上にして折りはじめる

① A、Bの順に折りすじ線をつけてもどし、図のように1cm切りこみを入れる

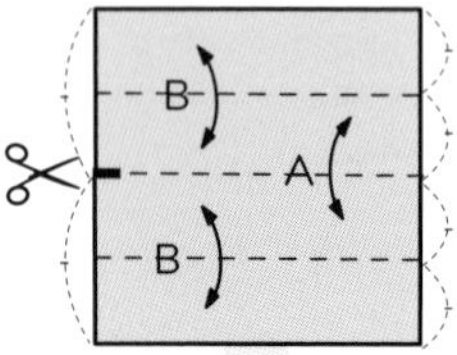

② 折り線のとおりに折る

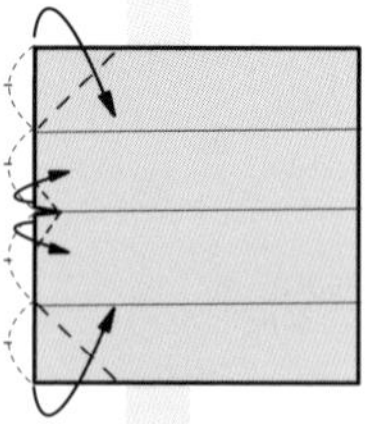

③ 右に折る

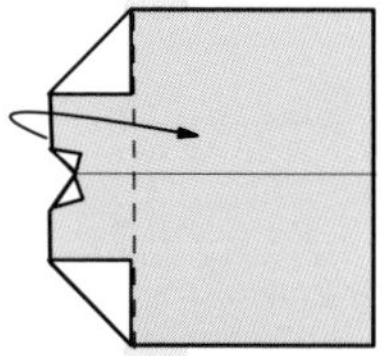

④

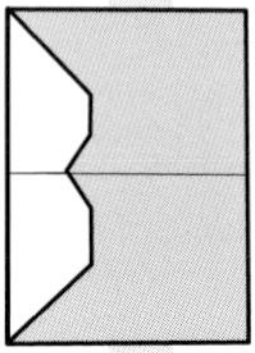

⑤ うら返す

2～3cm

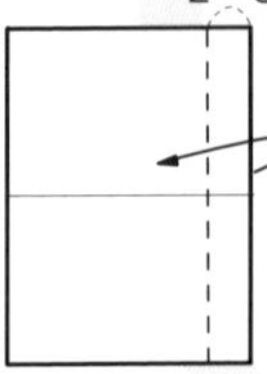

折り線のとおりに折る

⑥ 上下を折り線のとおりに折る

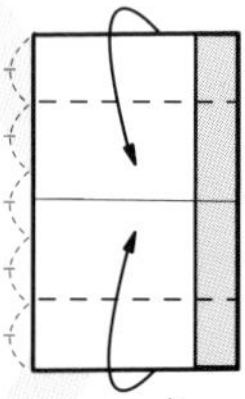

⑦ 半分に折る

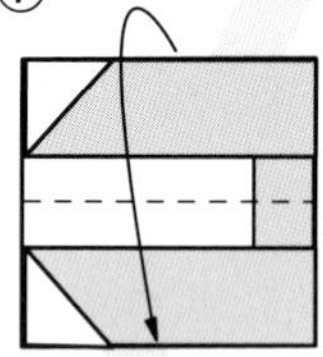

⑧ なかわり折り　なかわり折り

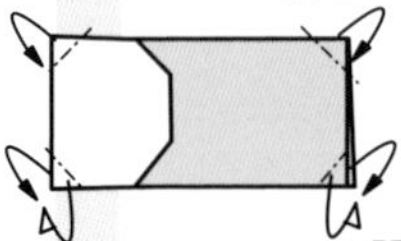

間に折る　間に折る

⑨

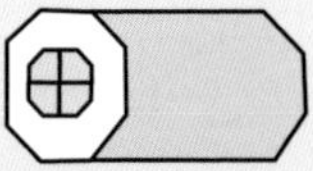

具をはって恵方巻きのできあがり

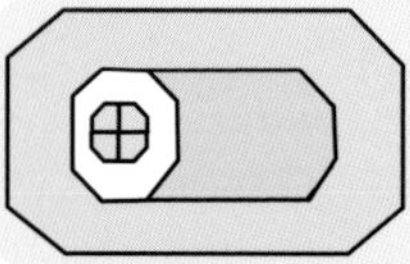

皿に恵方巻きをのせてはりつける

具

黄、緑、朱、茶色の2cm角の折り紙を使い、裏を上にして折りはじめる

① 折りすじ線をつけてもどす

② 角をまん中まで折る

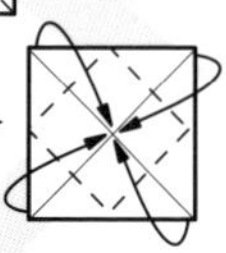

③ まん中まで折る

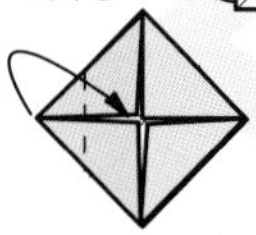

うら返す

④

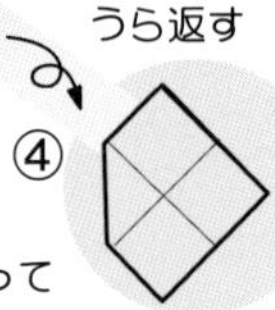

各色4枚折り
恵方巻きにはってできあがり

皿

折り紙の裏を上にして折りはじめる

① 折り線のとおりに上下を折る

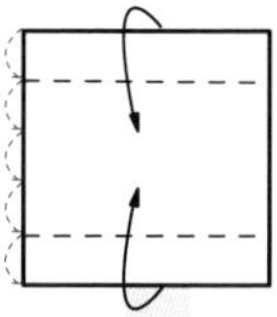

② 角を折る

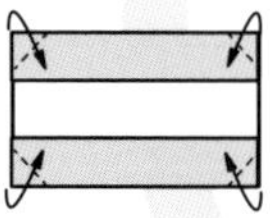

うら返す

③

皿のできあがり

アレンジ　巻きずし

10㎝角の大きさの折り紙を使って折り、緑、茶、赤で具を描くと、かっぱ、かんぴょう、マグロの巻きずしができあがります。

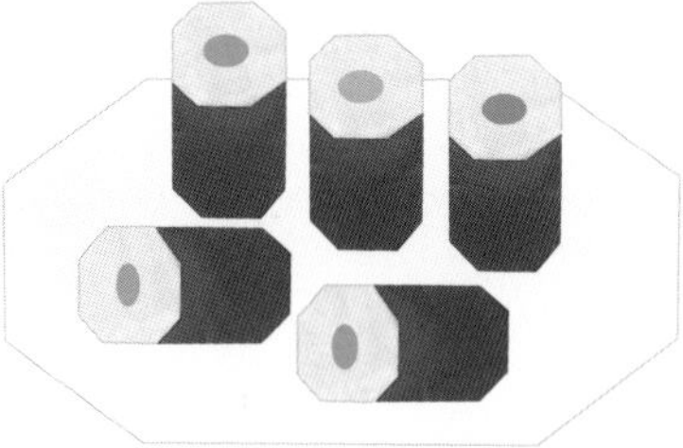

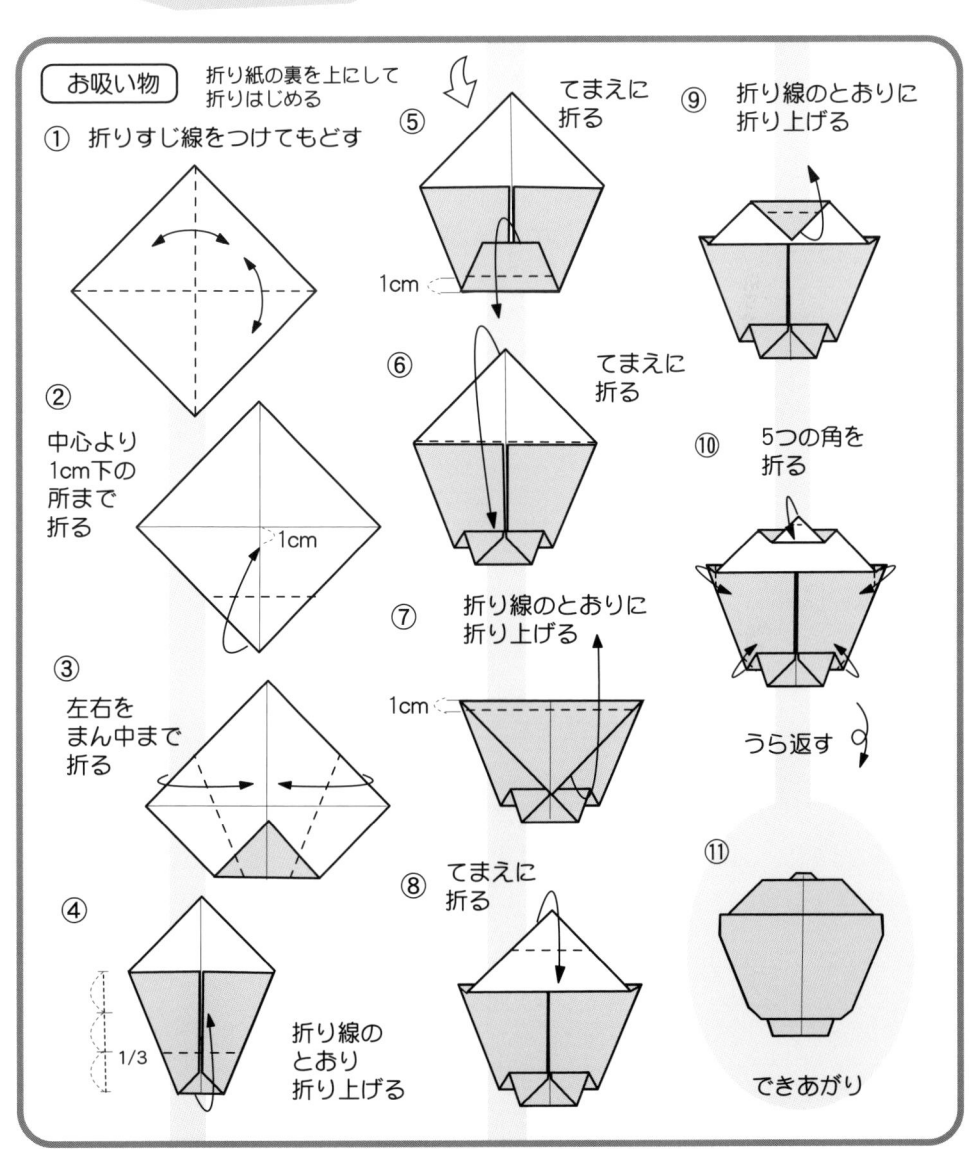

お吸い物

折り紙の裏を上にして折りはじめる

① 折りすじ線をつけてもどす

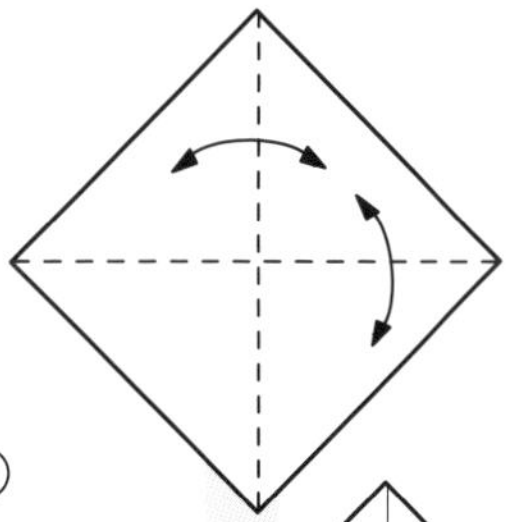

② 中心より1cm下の所まで折る

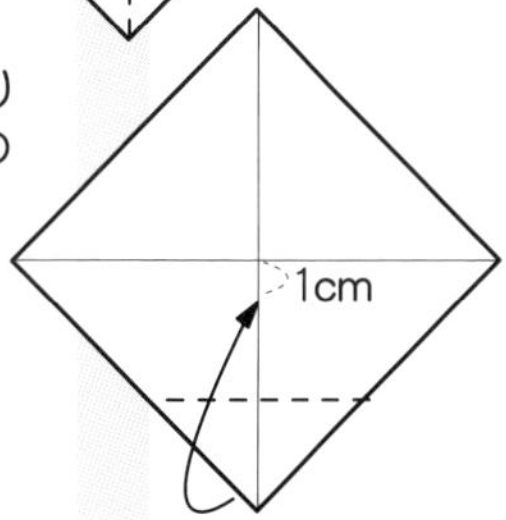

③ 左右をまん中まで折る

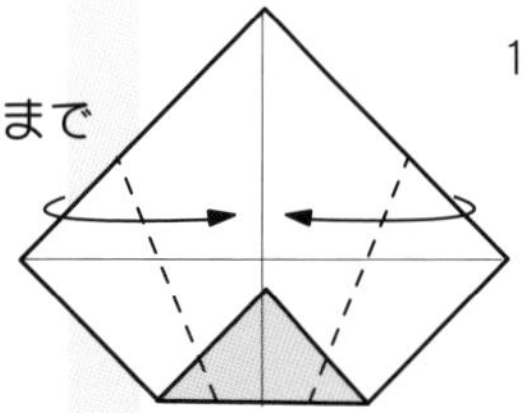

④ 折り線のとおり折り上げる

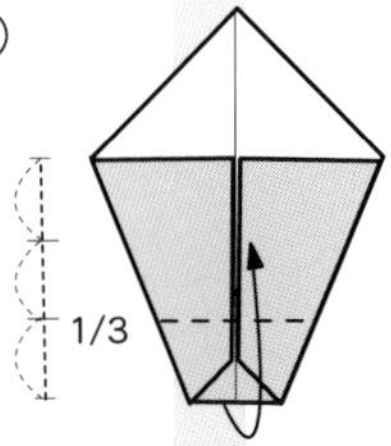

⑤ てまえに折る

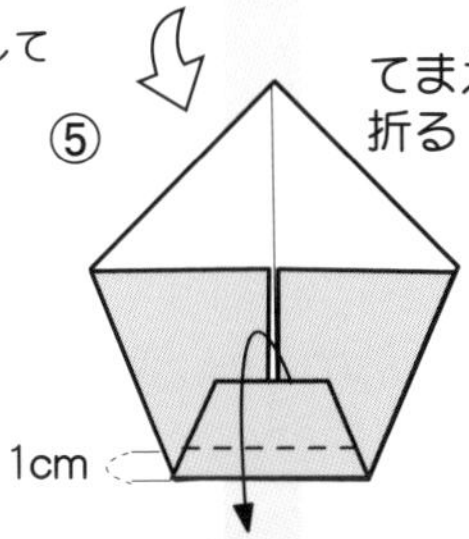

⑥ てまえに折る

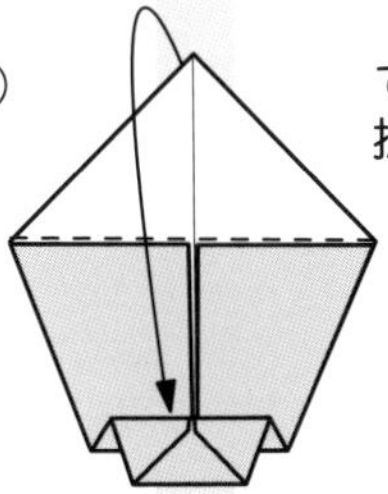

⑦ 折り線のとおりに折り上げる

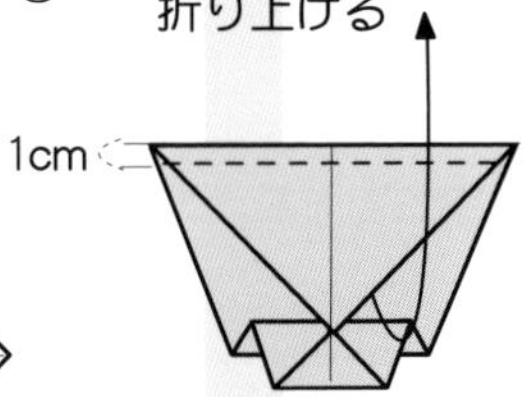

⑧ てまえに折る

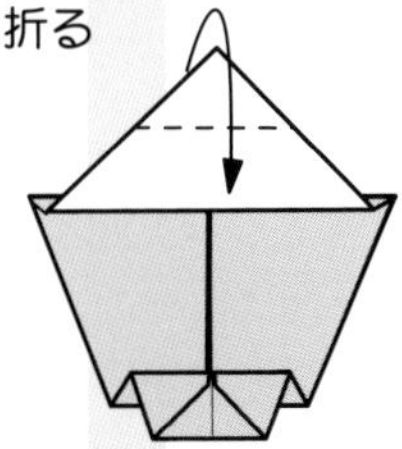

⑨ 折り線のとおりに折り上げる

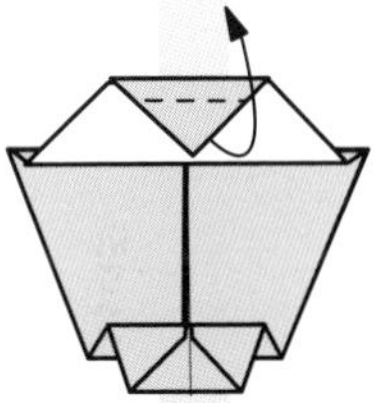

⑩ 5つの角を折る

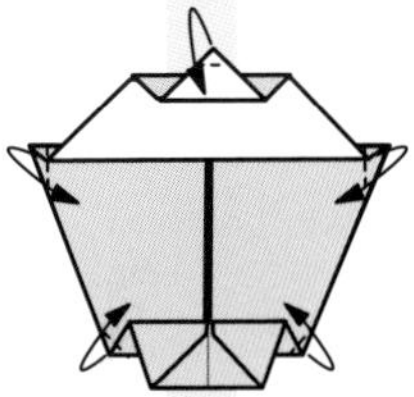

うら返す

⑪

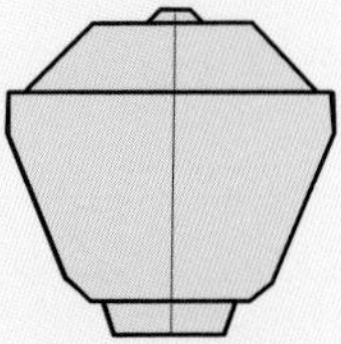

できあがり

難易度　★★

サンドイッチ

▶p.28

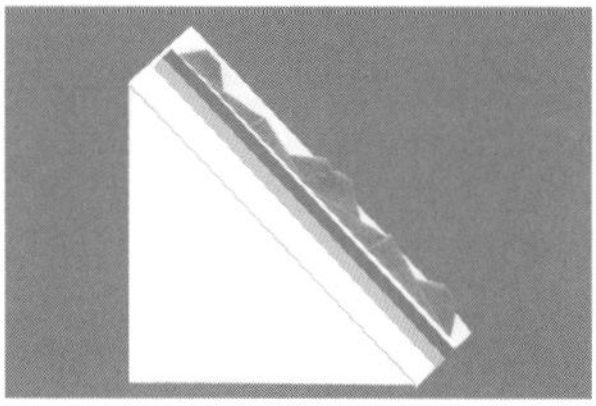

作品づくりのアドバイス

食パンに白ではなく、うす茶色の折り紙を使うと、ライ麦パンのサンドイッチになります。パンに赤ペンで線だけを描くと、ジャムサンドになります。

使う折り紙：白 1枚、黄緑 1/8×2枚

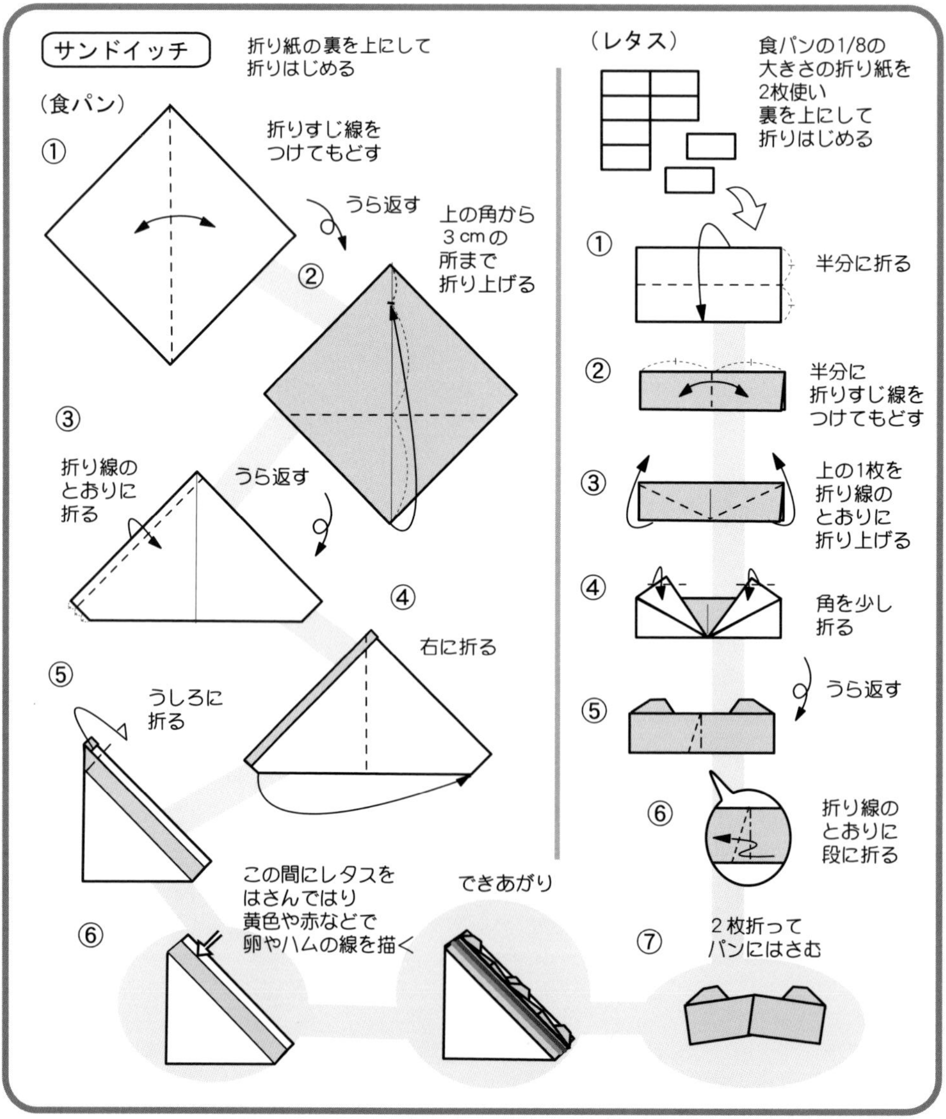

サンドイッチ
折り紙の裏を上にして
折りはじめる
（食パン）
①
折りすじ線を
つけてもどす
うら返す
②
上の角から
3 cmの
所まで
折り上げる
③
折り線の
とおりに
折る
うら返す
④
右に折る
⑤
うしろに
折る
⑥
この間にレタスを
はさんではり
黄色や赤などで
卵やハムの線を描く
できあがり
（レタス）
食パンの1/8の
大きさの折り紙を
2枚使い
裏を上にして
折りはじめる
①
半分に折る
②
半分に
折りすじ線を
つけてもどす
③
上の1枚を
折り線の
とおりに
折り上げる
④
角を少し
折る
うら返す
⑤
⑥
折り線の
とおりに
段に折る
⑦
2枚折って
パンにはさむ

クロワッサン

▶p.28

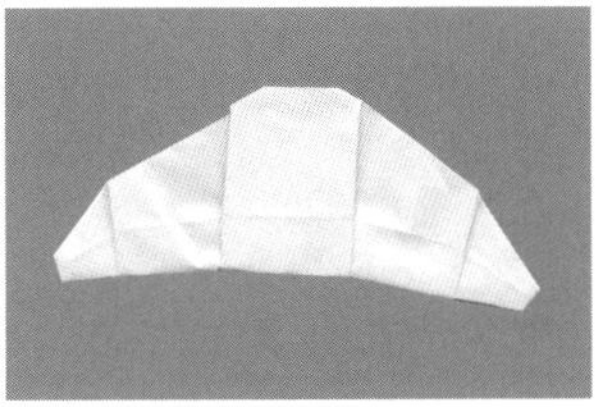

作品づくりのアドバイス

10㎝角の折り紙で折ると、ミニクロワッサンになります。できあがりがきれいな扇形になるよう、上手に折りましょう。

使う折り紙：うす茶 1枚

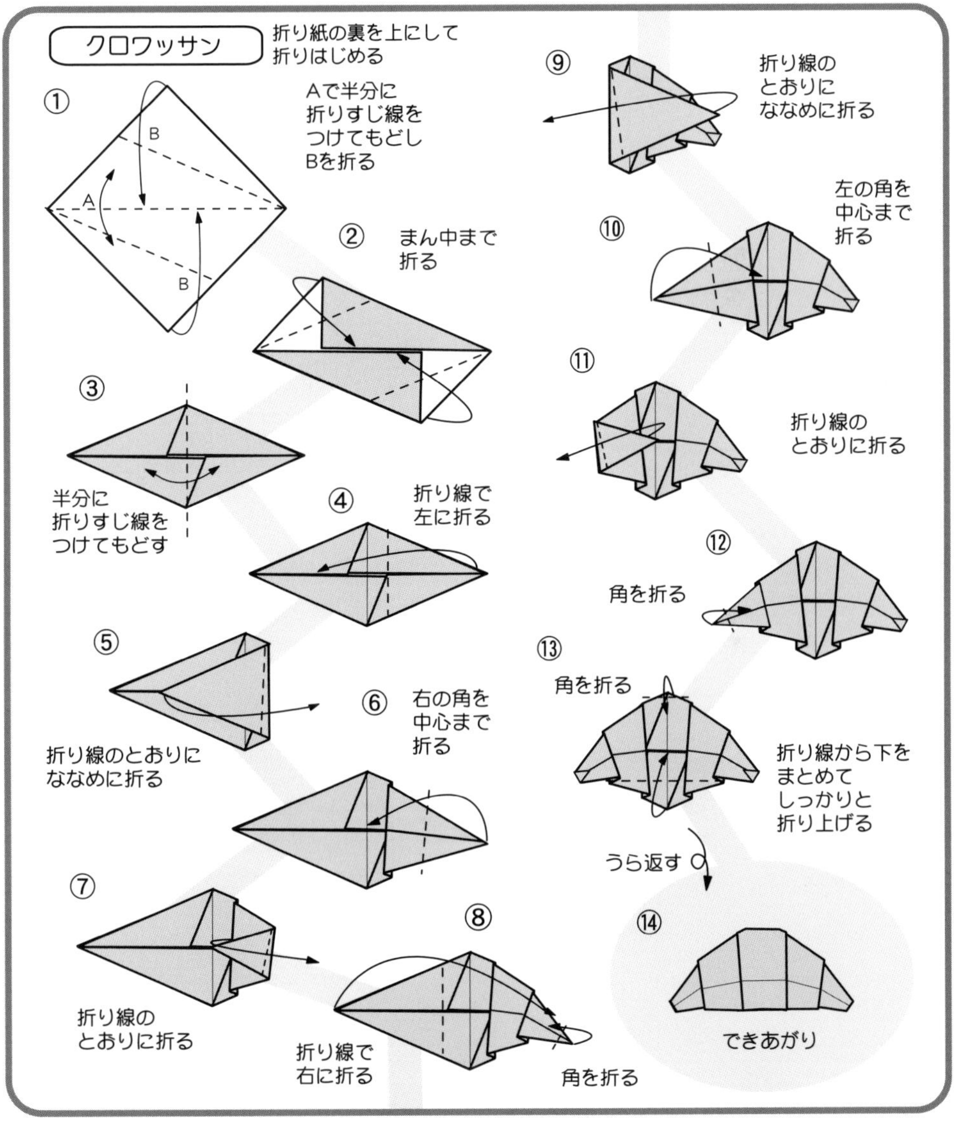
クロワッサン
折り紙の裏を上にして
折りはじめる
①
Aで半分に
折りすじ線を
つけてもどし
Bを折る
A
B
B
②
まん中まで
折る
③
半分に
折りすじ線を
つけてもどす
④
折り線で
左に折る
⑤
折り線のとおりに
ななめに折る
⑥
右の角を
中心まで
折る
⑦
折り線の
とおりに折る
⑧
折り線で
右に折る
角を折る
⑨
折り線の
とおりに
ななめに折る
⑩
左の角を
中心まで
折る
⑪
折り線の
とおりに折る
⑫
角を折る
⑬
角を折る
折り線から下を
まとめて
しっかりと
折り上げる
うら返す
⑭
できあがり

クリームサンド

▶p.28

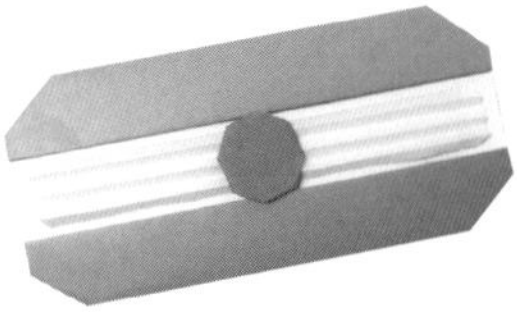

作品づくりのアドバイス

クリームをピンク色の折り紙で折ると、ストロベリークリームサンドになります。お皿の左右の長さや、4つの角のカーブは、自由に変えられます。

使う折り紙：黄土 1枚、クリーム 1枚、白 1/6枚、赤系 1/9枚、好きな色・柄 2枚

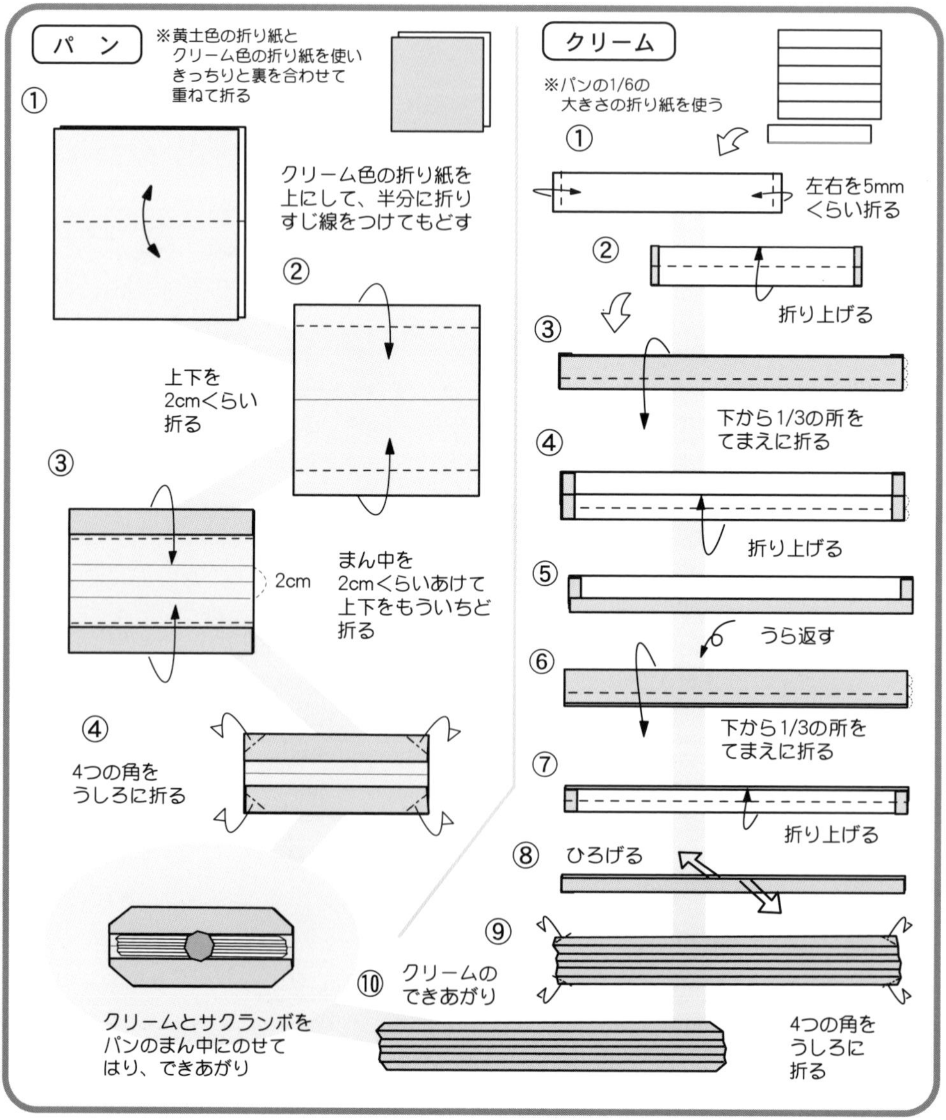

パ ン
※黄土色の折り紙とクリーム色の折り紙を使いきっちりと裏を合わせて重ねて折る
①
クリーム色の折り紙を上にして、半分に折りすじ線をつけてもどす
②
上下を2cmくらい折る
③
2cm
まん中を2cmくらいあけて上下をもういちど折る
④
4つの角をうしろに折る
クリームとサクランボをパンのまん中にのせてはり、できあがり
クリーム
※パンの1/6の大きさの折り紙を使う
①
左右を5mmくらい折る
②
折り上げる
③
下から1/3の所をてまえに折る
④
折り上げる
⑤
うら返す
⑥
下から1/3の所をてまえに折る
⑦
折り上げる
⑧
ひろげる
⑨
4つの角をうしろに折る
⑩
クリームのできあがり

アレンジ ホットドッグ

ソーセージには、パンの1／2の大きさの赤い折り紙を使い、太さを工夫して折りだします。ソーセージの4つの端も、自由にうしろ側に折りましょう。赤と黄色の折り紙でケチャップやマスタードを細く切って、ソーセージにはりつけ、パンにはさみます。

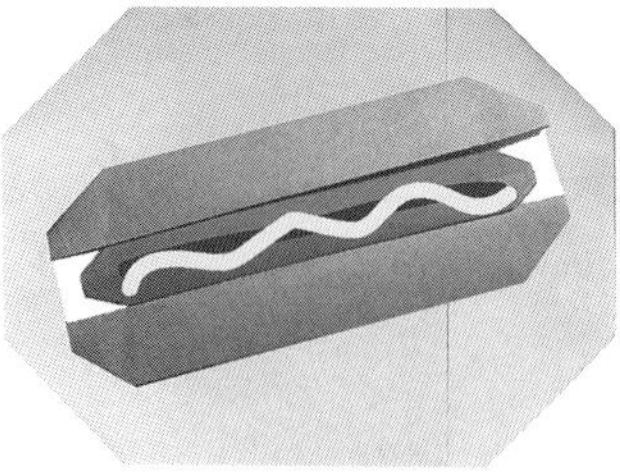

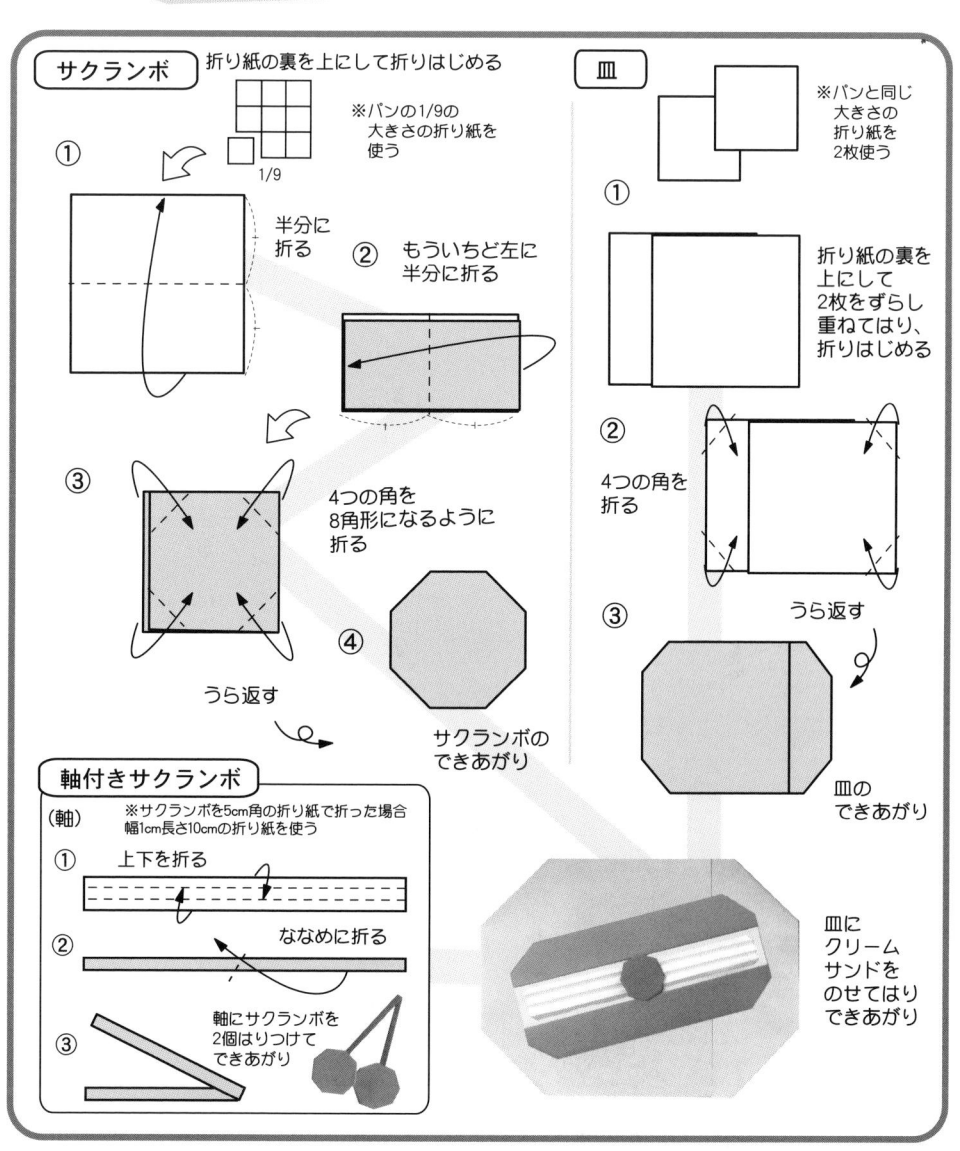

サクランボ

折り紙の裏を上にして折りはじめる

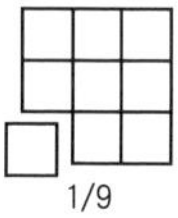

※パンの1/9の大きさの折り紙を使う

①

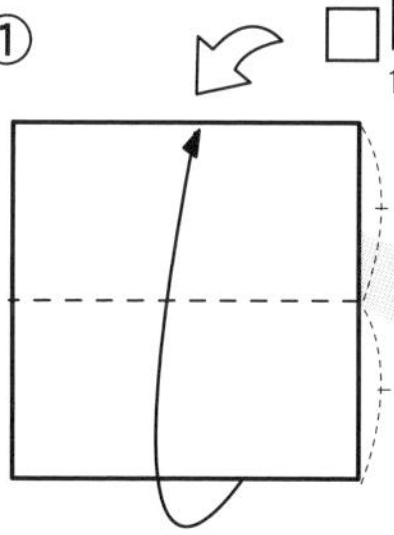

半分に折る

② もういちど左に半分に折る

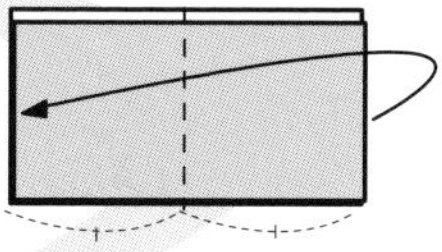

③

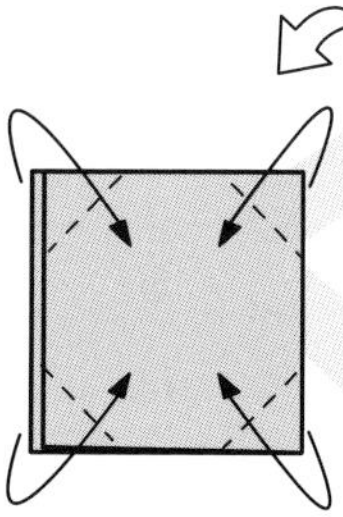

4つの角を8角形になるように折る

うら返す

④

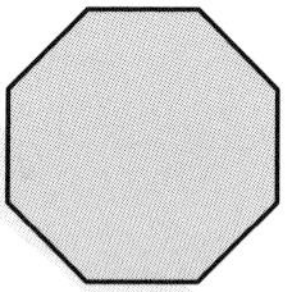

サクランボのできあがり

皿

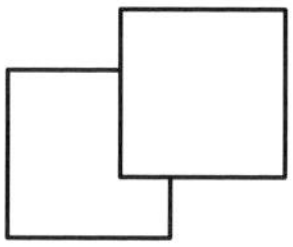

※パンと同じ大きさの折り紙を2枚使う

①

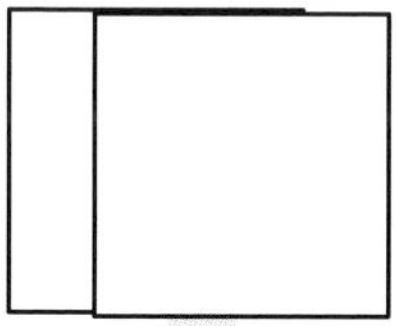

折り紙の裏を上にして2枚をずらし重ねてはり、折りはじめる

②

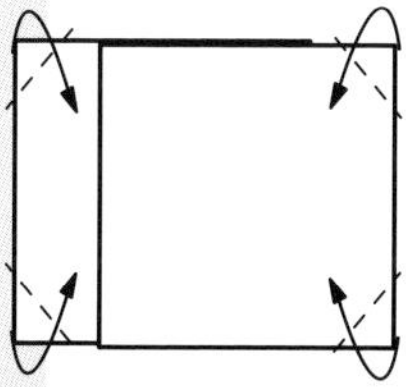

4つの角を折る

③ うら返す

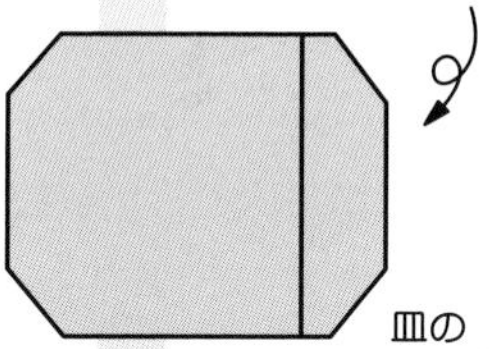

皿のできあがり

軸付きサクランボ

（軸） ※サクランボを5cm角の折り紙で折った場合幅1cm長さ10cmの折り紙を使う

① 上下を折る

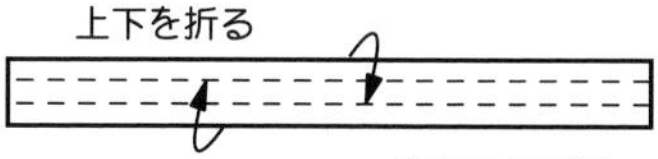

② ななめに折る

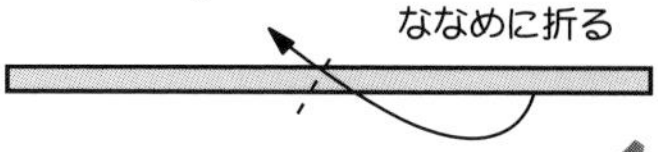

③

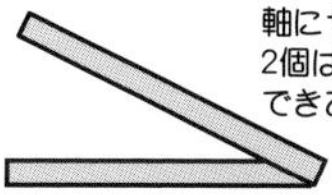

軸にサクランボを2個はりつけてできあがり

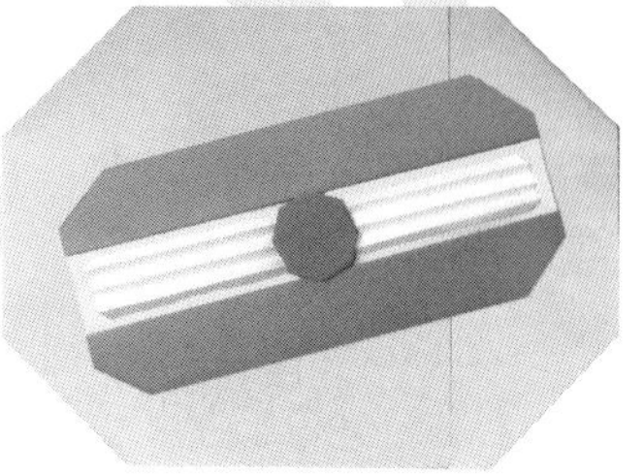

皿にクリームサンドをのせてはりできあがり

難易度　★★

さくらもち

▶p.29

作品づくりのアドバイス

さくらもちは、折り図③から、あまり押さえつけないよう、丸みをもたせながら立体的に折りましょう。葉の葉脈の線も、軽くていねいに折ります。

使う折り紙：うすもも 1枚、こい緑 1枚、こげ茶 1/16枚、好きな色 1枚

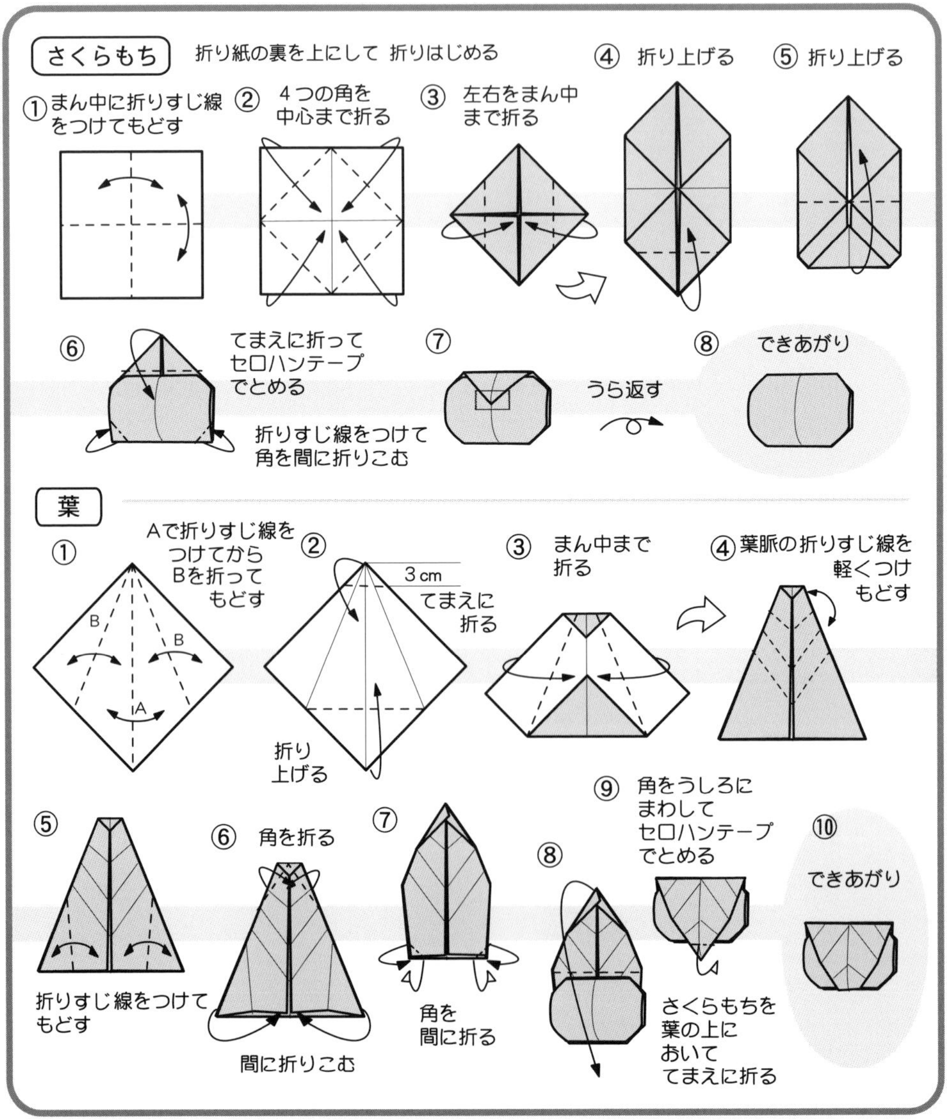
さくらもち
折り紙の裏を上にして 折りはじめる
① まん中に折りすじ線をつけてもどす
② 4つの角を中心まで折る
③ 左右をまん中まで折る
④ 折り上げる
⑤ 折り上げる
⑥ てまえに折って セロハンテープでとめる
折りすじ線をつけて 角を間に折りこむ
⑦
うら返す
⑧ できあがり
葉
① Aで折りすじ線をつけてから Bを折ってもどす
B
B
A
② 3 cm
てまえに折る
折り上げる
③ まん中まで折る
④ 葉脈の折りすじ線を軽くつけもどす
⑤ 折りすじ線をつけてもどす
⑥ 角を折る
間に折りこむ
⑦ 角を間に折る
⑧ さくらもちを葉の上においてまえに折る
⑨ 角をうしろにまわしてセロハンテープでとめる
⑩ できあがり

アレンジ　かしわもち

さくらもちの折り図②や、葉の折り図④の所から、もちや葉がやや大きめになるよう、折り幅を変えると、かしわもちができます。もちには白、葉には深緑の折り紙を使います。

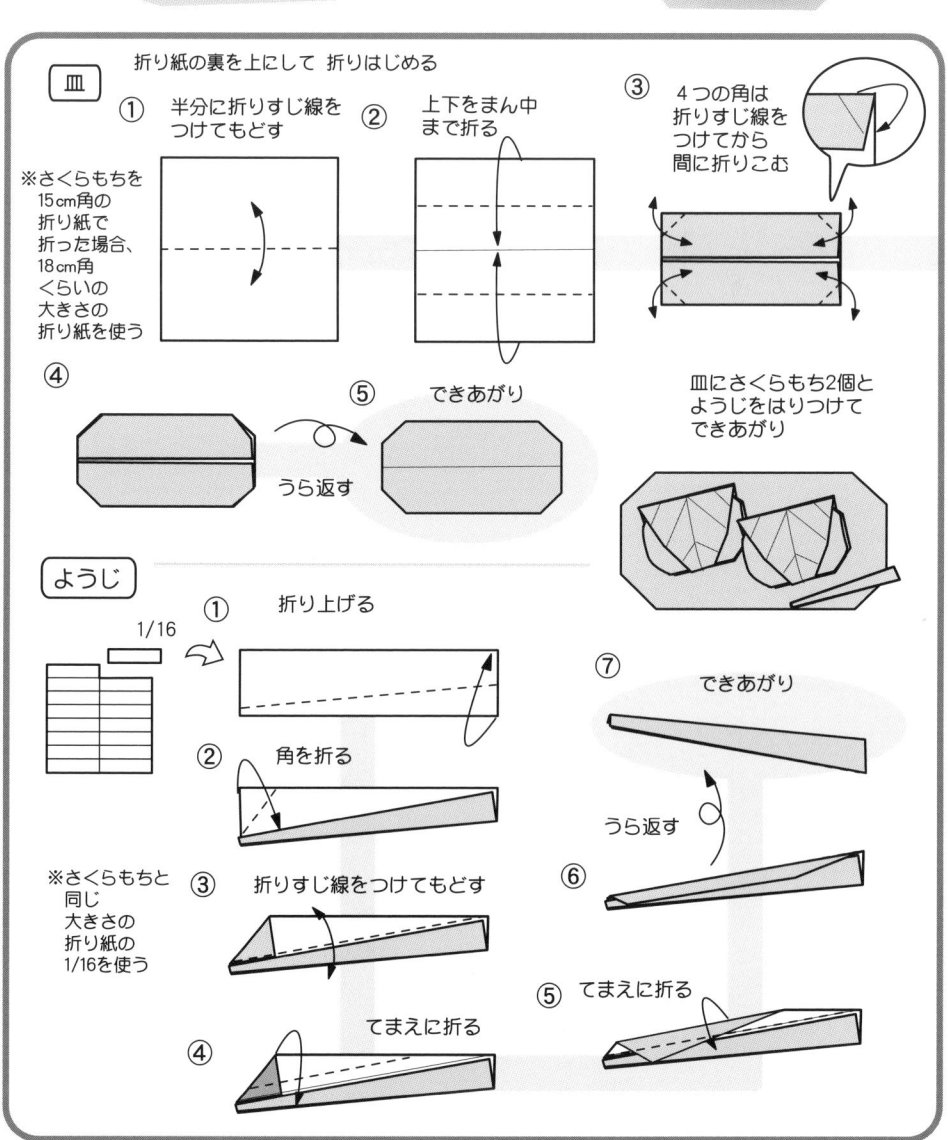

皿

折り紙の裏を上にして　折りはじめる

※さくらもちを15cm角の折り紙で折った場合、18cm角くらいの大きさの折り紙を使う

① 半分に折りすじ線をつけてもどす

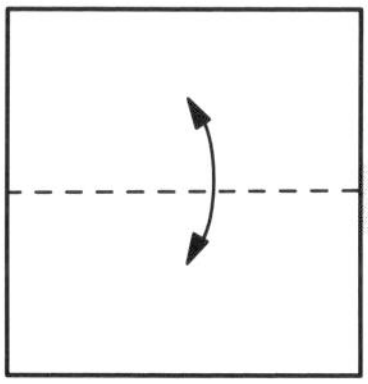

② 上下をまん中まで折る

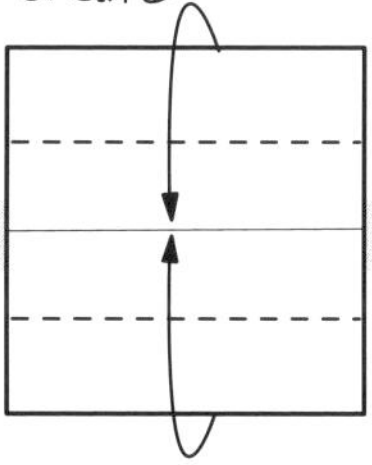

③ 4つの角は折りすじ線をつけてから間に折りこむ

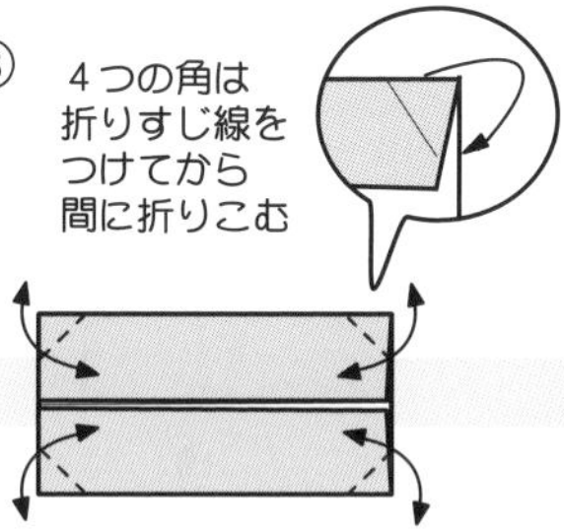

④

⑤ できあがり

皿にさくらもち2個とようじをはりつけてできあがり

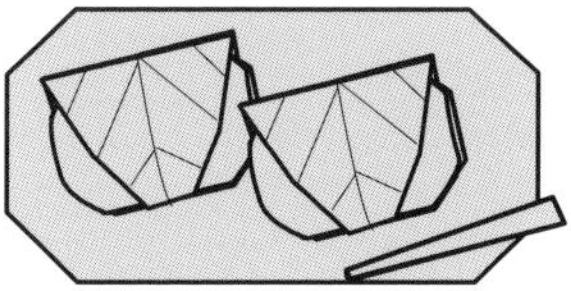

ようじ

1/16

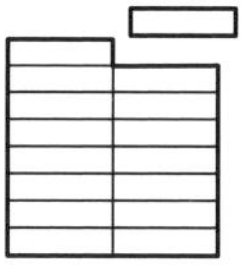

※さくらもちと同じ大きさの折り紙の1/16を使う

① 折り上げる

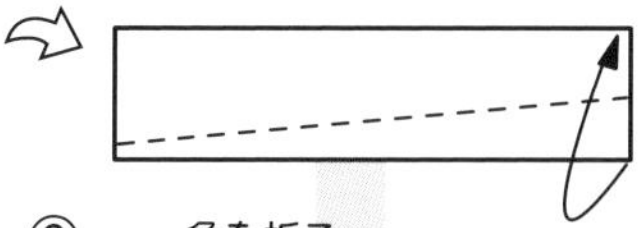

② 角を折る

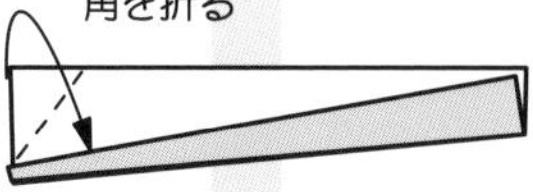

③ 折りすじ線をつけてもどす

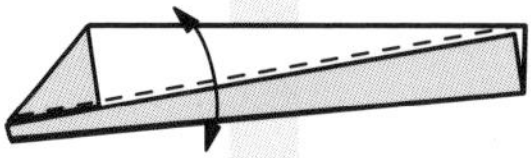

④ てまえに折る

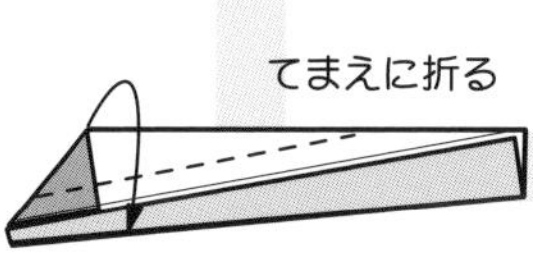

⑤ てまえに折る

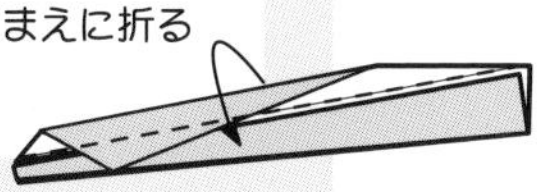

⑥

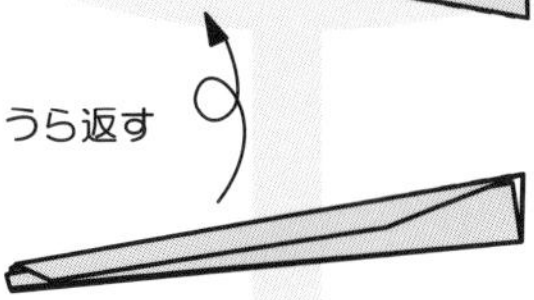

うら返す

⑦ できあがり

難易度　★★

いちごババロア

▶p.29

作品づくりのアドバイス

コンポートにババロアと、5㎝角の折り紙で折ったいちご（p.45のヘタを取ったもの）をのせます。ピンクのババロアを黄色で折ると、プリンになります。

使う折り紙：うすピンク 1枚、好きな色 1＋1/4枚

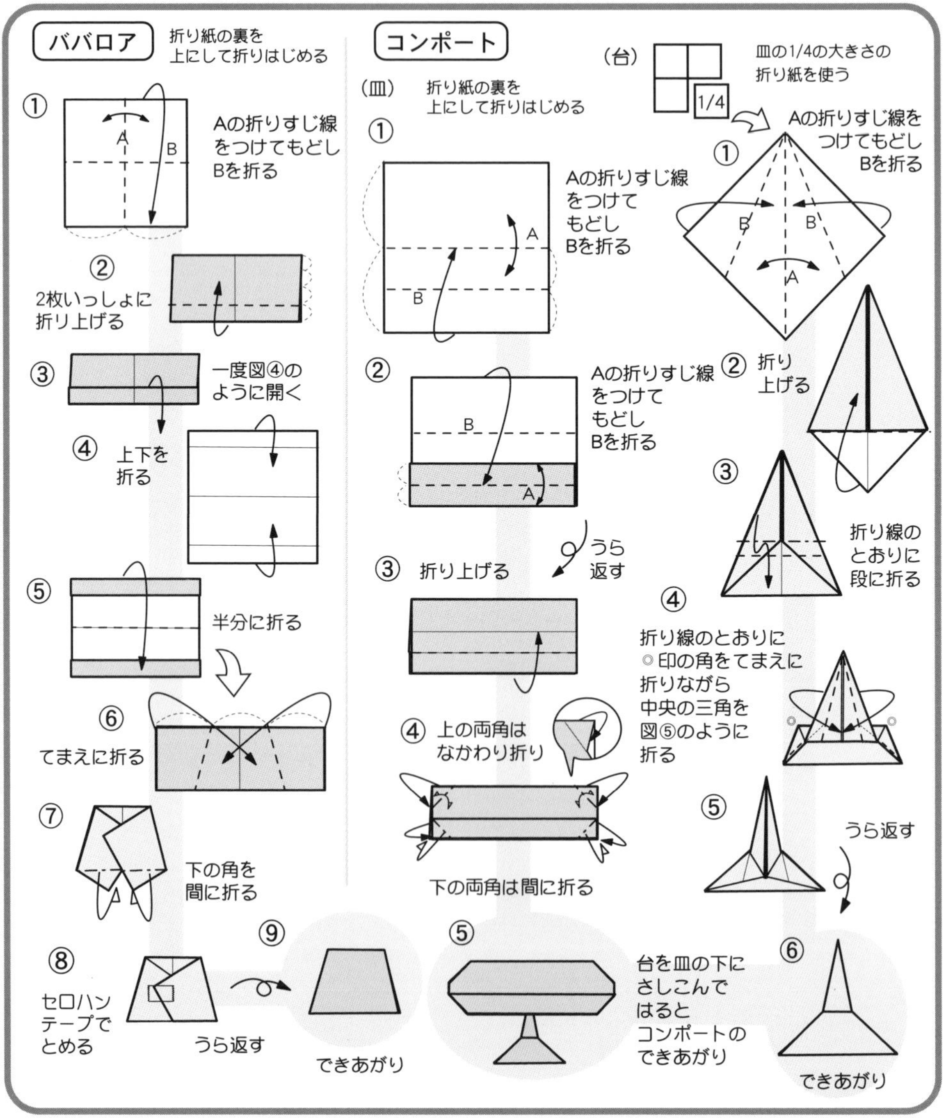

ババロア
折り紙の裏を上にして折りはじめる
① Aの折りすじ線をつけてもどしBを折る
A
B
② 2枚いっしょに折り上げる
③ 一度図④のように開く
④ 上下を折る
⑤ 半分に折る
⑥ てまえに折る
⑦ 下の角を間に折る
⑧ セロハンテープでとめる
うら返す
⑨ できあがり
コンポート
（皿）
折り紙の裏を上にして折りはじめる
① Aの折りすじ線をつけてもどしBを折る
A
B
② Aの折りすじ線をつけてもどしBを折る
B
A
③ 折り上げる
うら返す
④ 上の両角はなかわり折り
下の両角は間に折る
⑤ 台を皿の下にさしこんではるとコンポートのできあがり
（台）
皿の1/4の大きさの折り紙を使う
1/4
① Aの折りすじ線をつけてもどしBを折る
B
B
A
② 折り上げる
③ 折り線のとおりに段に折る
④ 折り線のとおりに◎印の角をてまえに折りながら中央の三角を図⑤のように折る
⑤ うら返す
⑥ できあがり

難易度　★★

アイスとソフト

▶p.30

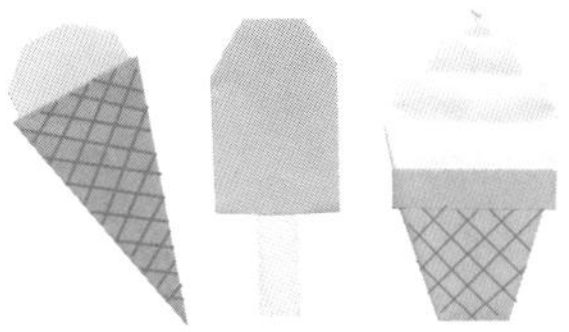

作品づくりのアドバイス

アイスクリームやアイスキャンディー、102pのソフトクリームには、好きな色の折り紙を使い、いろいろな味を楽しみましょう。

使う折り紙：好きな色 各1枚、茶・オレンジ／肌 各1枚、うす茶 1/6枚

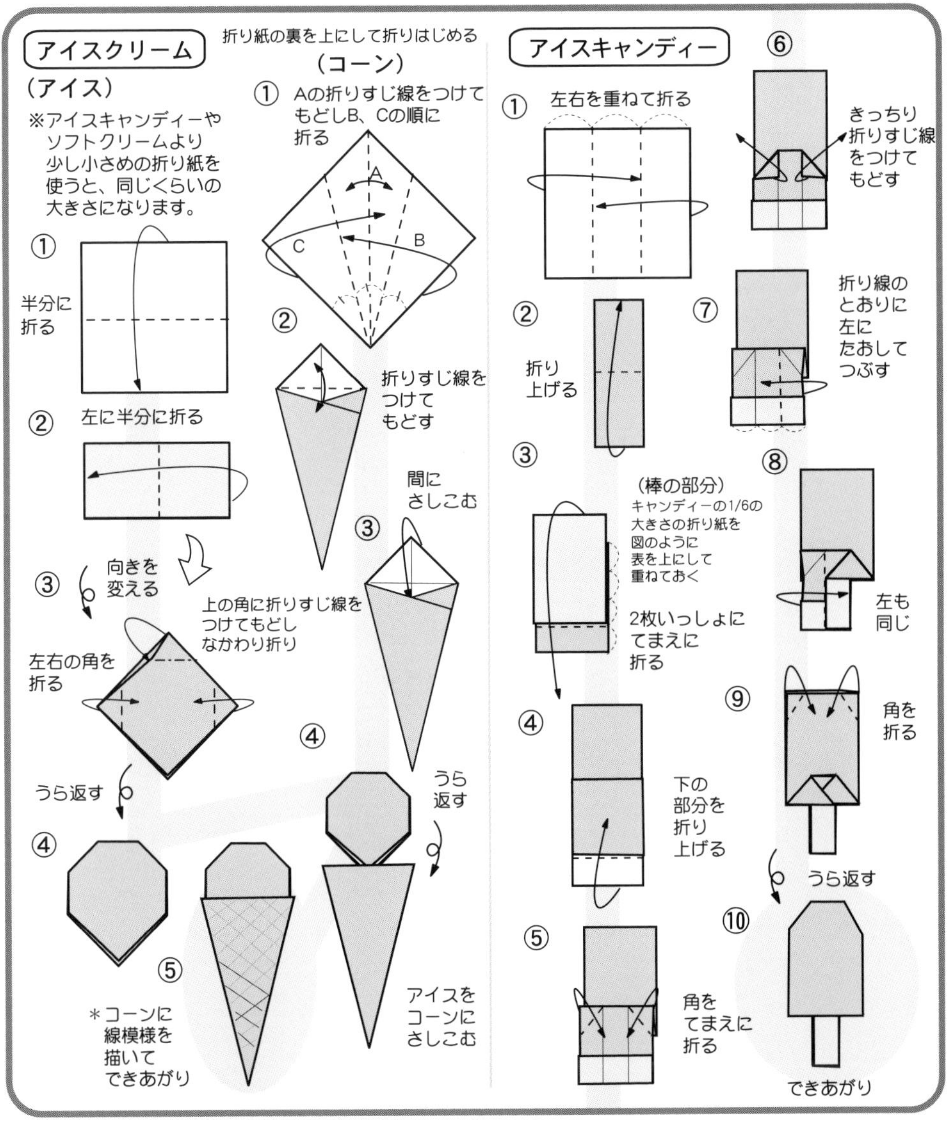

アイスクリーム
折り紙の裏を上にして折りはじめる
（アイス）
※アイスキャンディーやソフトクリームより少し小さめの折り紙を使うと、同じくらいの大きさになります。
① 半分に折る
② 左に半分に折る
③ 向きを変える
左右の角を折る
上の角に折りすじ線をつけてもどしなかわり折り
うら返す
④
（コーン）
① Aの折りすじ線をつけてもどしB、Cの順に折る
A
B
C
② 折りすじ線をつけてもどす
③ 間にさしこむ
④ うら返す
アイスをコーンにさしこむ
⑤
＊コーンに線模様を描いてできあがり
アイスキャンディー
① 左右を重ねて折る
② 折り上げる
③ （棒の部分）
キャンディーの1/6の大きさの折り紙を図のように表を上にして重ねておく
2枚いっしょにてまえに折る
④ 下の部分を折り上げる
⑤ 角をてまえに折る
⑥ きっちり折りすじ線をつけてもどす
⑦ 折り線のとおりに左にたおしてつぶす
⑧ 左も同じ
⑨ 角を折る
うら返す
⑩
できあがり

アレンジ　3段アイス

アイスクリームを、3種類の色の折り紙で折り、重ねると3段アイスになります。カラフルに色を組み合わせて、おいしそうな3段アイスにしましょう。

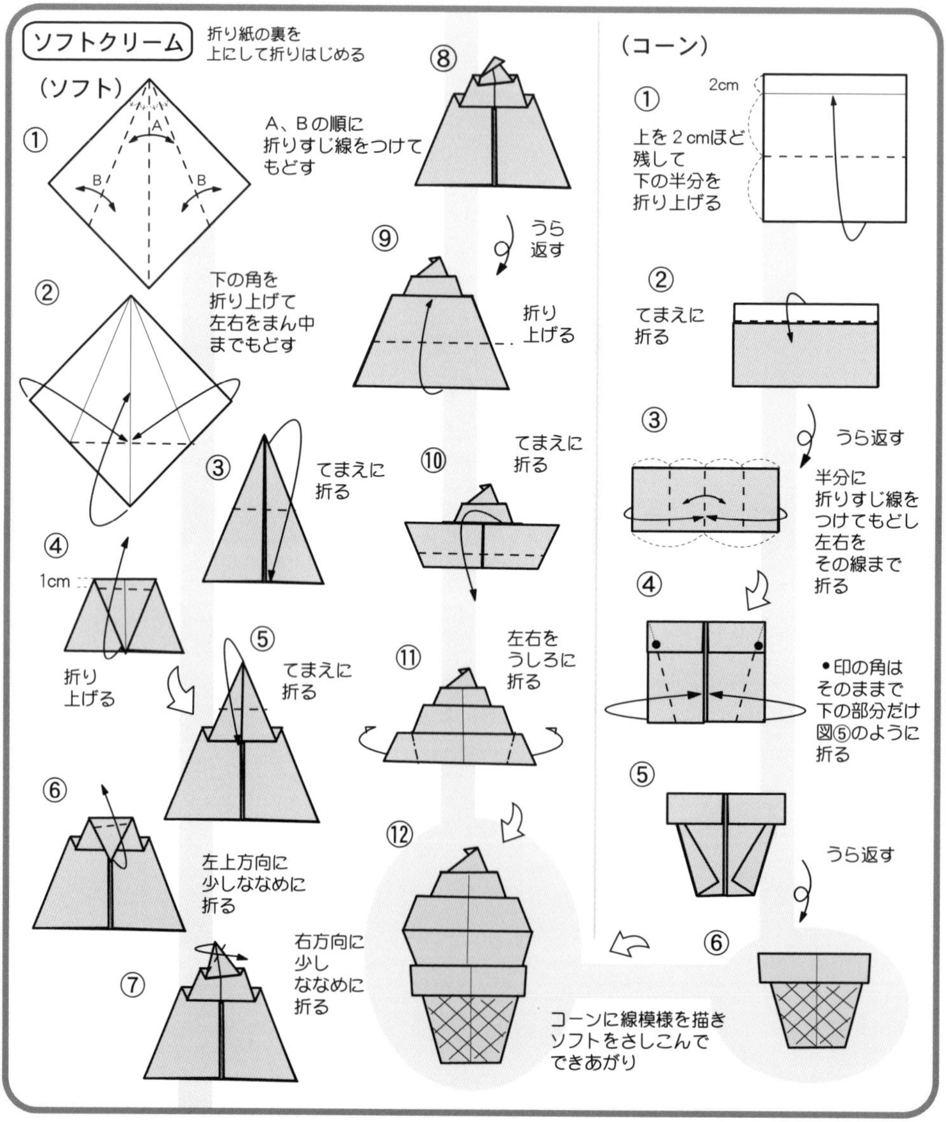
ソフトクリーム
折り紙の裏を上にして折りはじめる
(ソフト)
①
A
B
A、Bの順に折りすじ線をつけてもどす
②
下の角を折り上げて左右をまん中までもどす
③
てまえに折る
④
1cm
折り上げる
⑤
てまえに折る
⑥
左上方向に少しななめに折る
⑦
右方向に少しななめに折る
⑧
⑨
うら返す
折り上げる
⑩
てまえに折る
⑪
左右をうしろに折る
⑫
コーンに線模様を描きソフトをさしこんでできあがり
(コーン)
①
2cm
上を2cmほど残して下の半分を折り上げる
②
てまえに折る
③
うら返す
半分に折りすじ線をつけてもどし左右をその線まで折る
④
•印の角はそのままで下の部分だけ図⑤のように折る
⑤
うら返す
⑥

みかんの缶詰

▶p.31

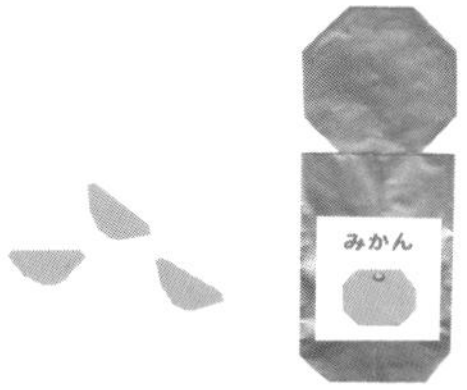
みかん

作品づくりのアドバイス

缶の白いラベルの上から、小さく折ったみかん(p.67)をはり、文字を書きます。みかんの粒は、缶に入ります。

使う折り紙：銀 1＋1/2枚、オレンジ 1/9×3枚

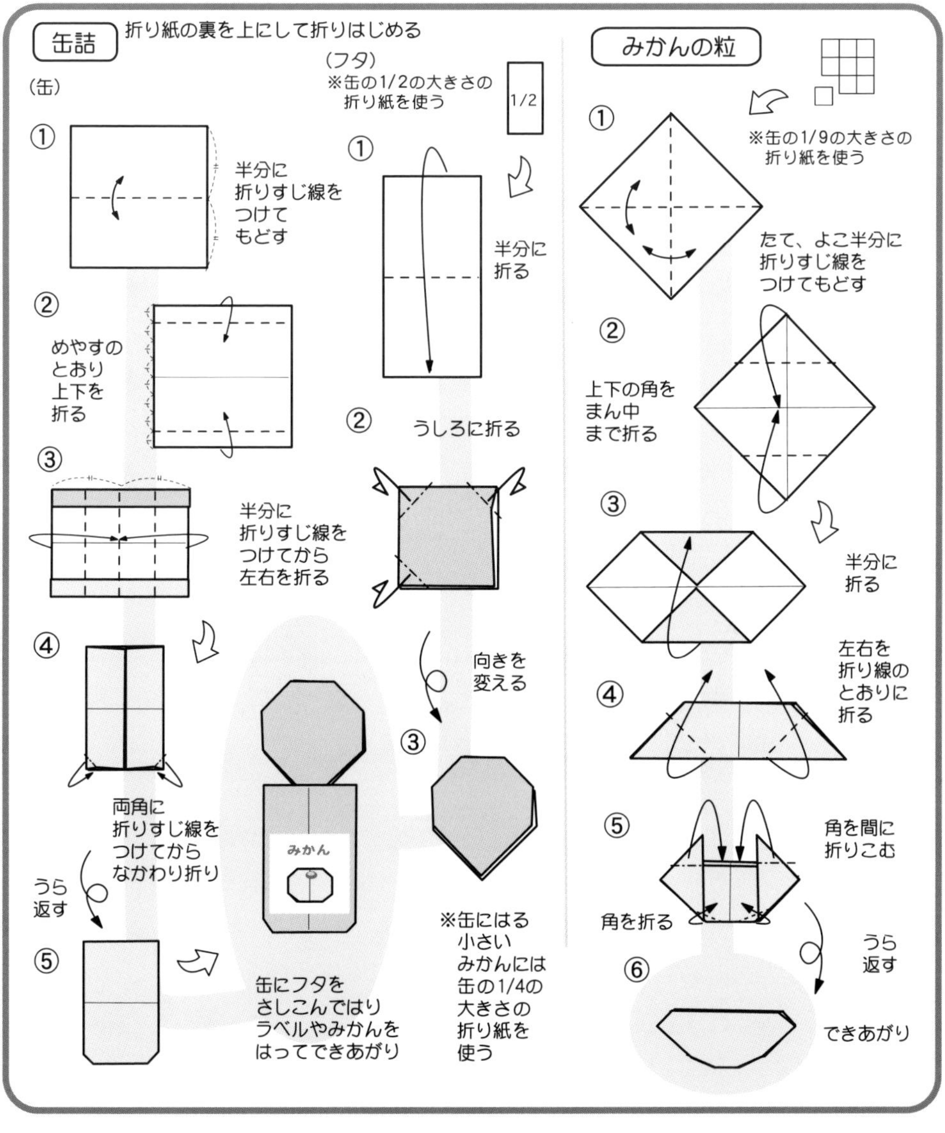
缶詰
折り紙の裏を上にして折りはじめる
（缶）
①
半分に折りすじ線をつけてもどす
②
めやすのとおり上下を折る
③
半分に折りすじ線をつけてから左右を折る
④
両角に折りすじ線をつけてからなかわり折り
うら返す
⑤
（フタ）
※缶の1/2の大きさの折り紙を使う
1/2
①
半分に折る
②
うしろに折る
向きを変える
③
※缶にはる小さいみかんには缶の1/4の大きさの折り紙を使う
みかん
缶にフタをさしこんではりラベルやみかんをはってできあがり
みかんの粒
※缶の1/9の大きさの折り紙を使う
①
たて、よこ半分に折りすじ線をつけてもどす
②
上下の角をまん中まで折る
③
半分に折る
④
左右を折り線のとおりに折る
⑤
角を間に折りこむ
角を折る
うら返す
⑥
できあがり

難易度　★★

ブルーベリーとジャム

▶p.31

ブルーベリー
ジャム

作品づくりのアドバイス

ジャムのフタの部分には、金色や銀色、白などの、好きな色を選びましょう。フタとびんの折り紙は、きっちりと重ねて折ります。

使う折り紙：紫系 1枚+1/16×5枚、銀 1/4枚

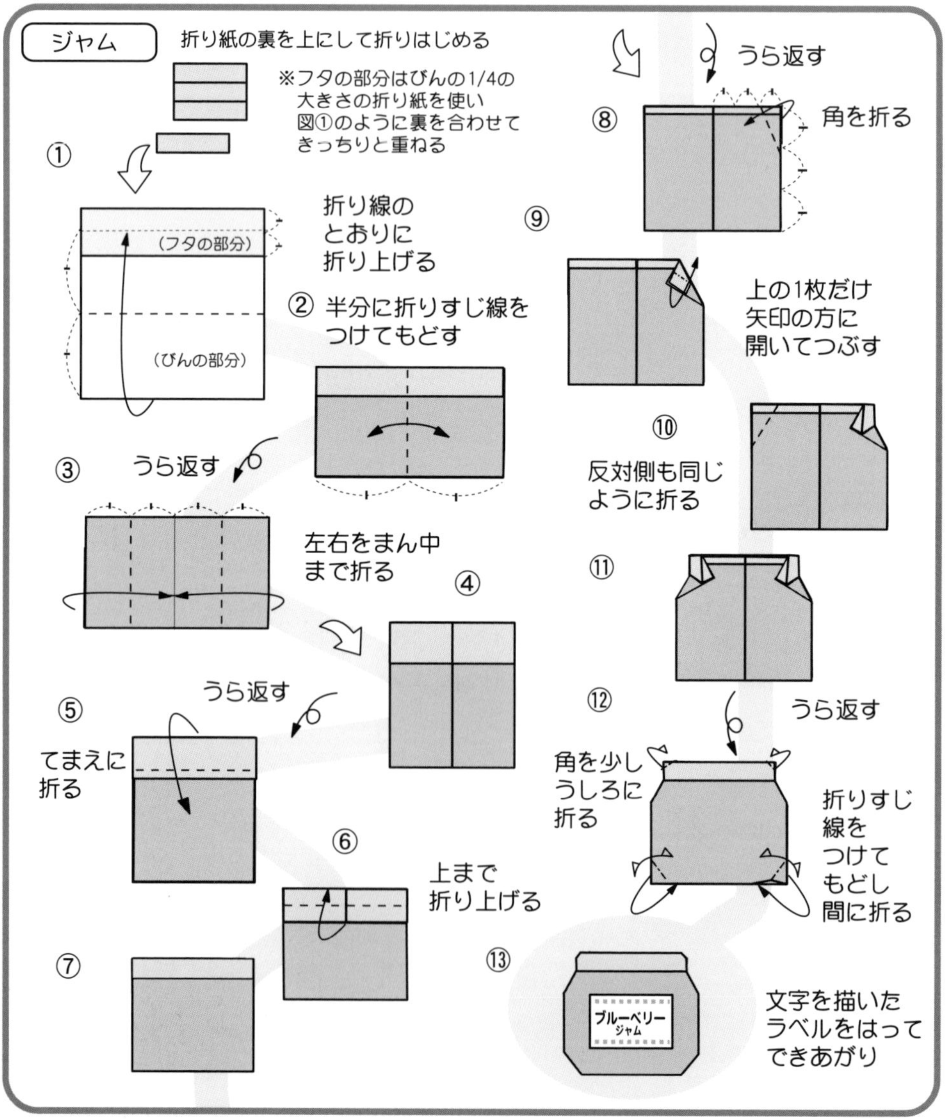
ジャム
折り紙の裏を上にして折りはじめる
※フタの部分はびんの1/4の大きさの折り紙を使い図①のように裏を合わせてきっちりと重ねる
①
（フタの部分）
（びんの部分）
折り線のとおりに折り上げる
② 半分に折りすじ線をつけてもどす
③
うら返す
左右をまん中まで折る
④
⑤
うら返す
てまえに折る
⑥
上まで折り上げる
⑦
うら返す
⑧
角を折る
⑨
上の1枚だけ矢印の方に開いてつぶす
⑩
反対側も同じように折る
⑪
⑫
うら返す
角を少しうしろに折る
折りすじ線をつけてもどし間に折る
⑬
ブルーベリー
ジャム
文字を描いたラベルをはってできあがり

アレンジ びん2種

折り図①から③の所で、折り幅を変えると、びんの高さや幅が調節できます。ラベルには、好きなくだものの文字を書きましょう。

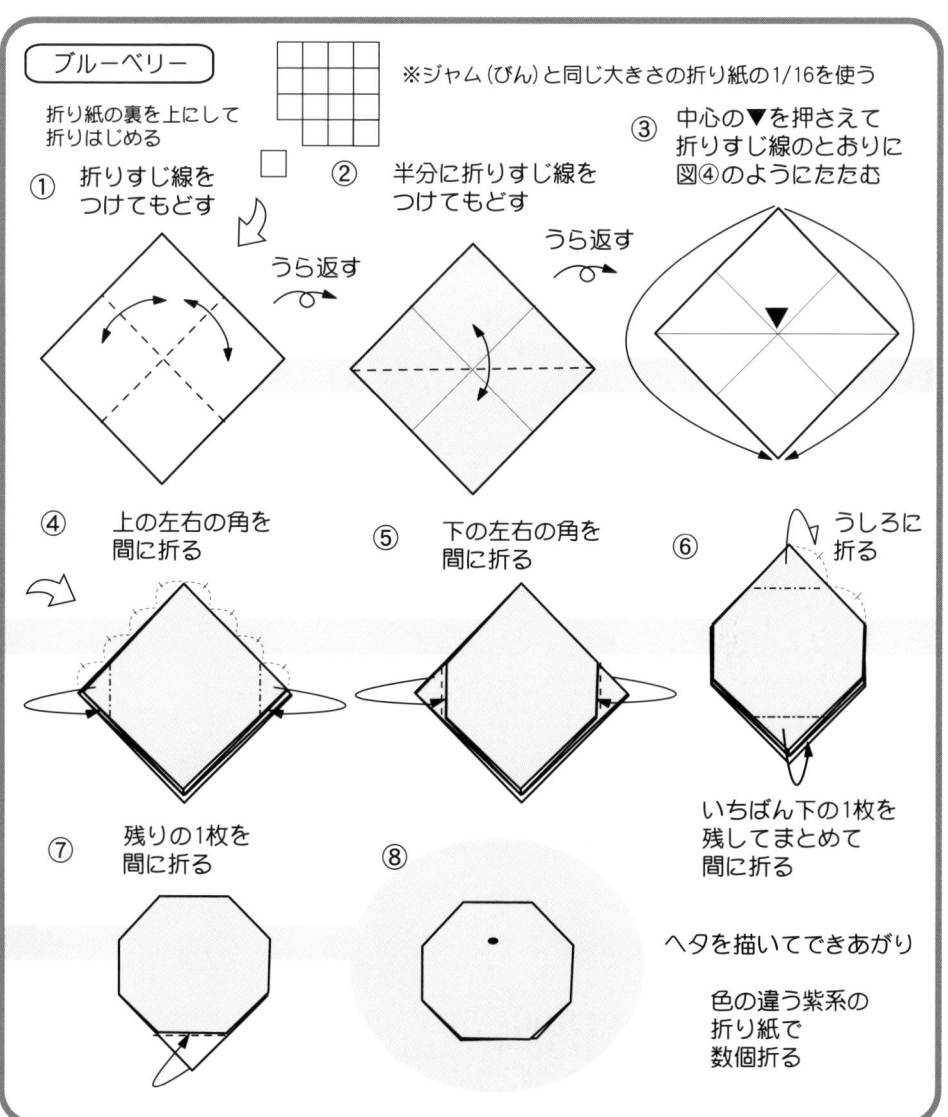

ブルーベリー

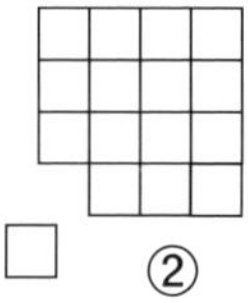

※ジャム（びん）と同じ大きさの折り紙の1/16を使う

折り紙の裏を上にして
折りはじめる

① 折りすじ線を
つけてもどす

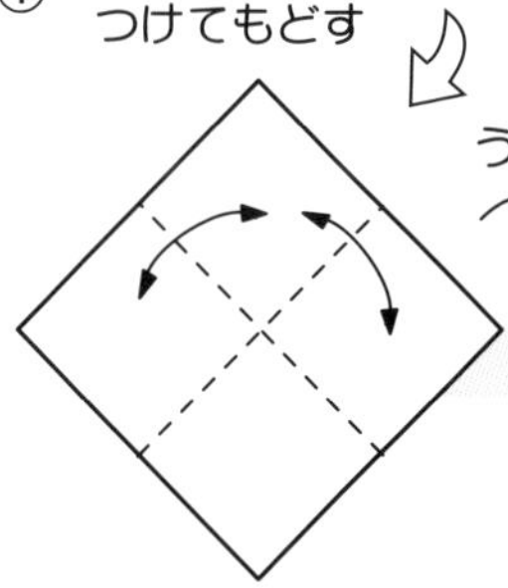

うら返す

② 半分に折りすじ線を
つけてもどす

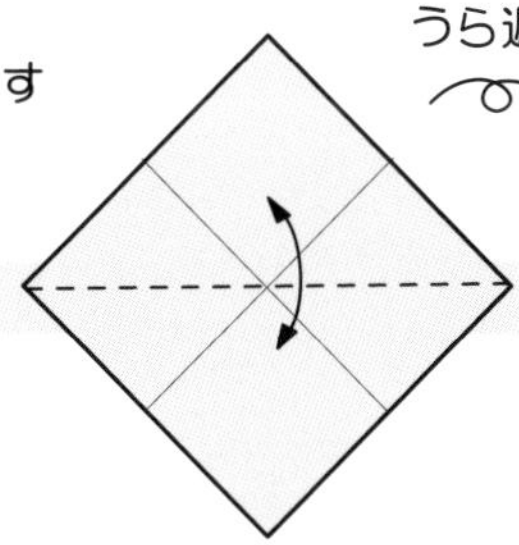

うら返す

③ 中心の▼を押さえて
折りすじ線のとおりに
図④のようにたたむ

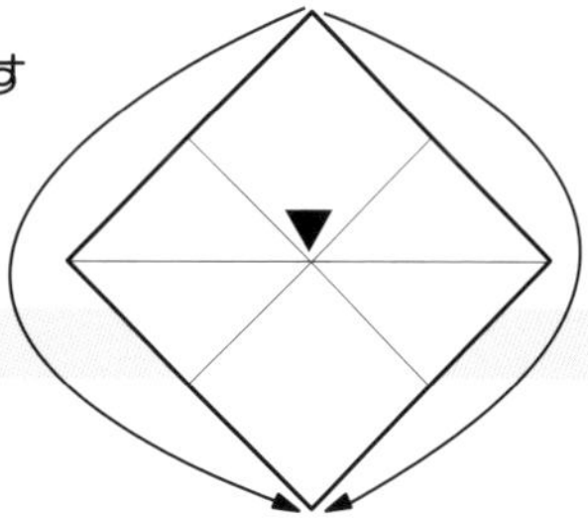

④ 上の左右の角を
間に折る

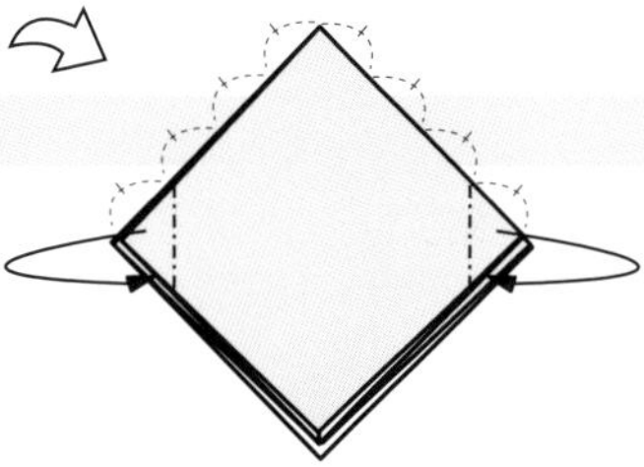

⑤ 下の左右の角を
間に折る

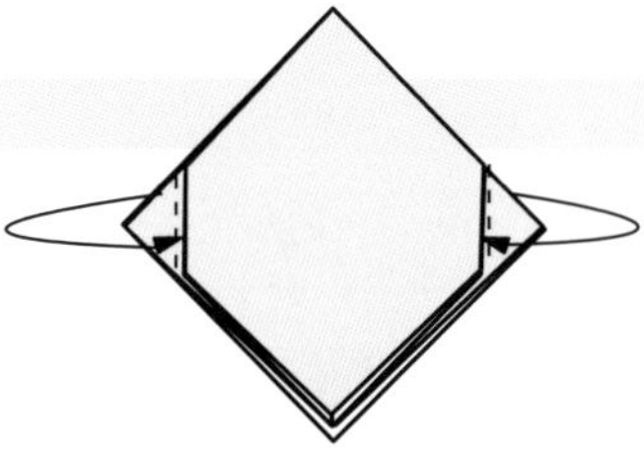

⑥ うしろに
折る

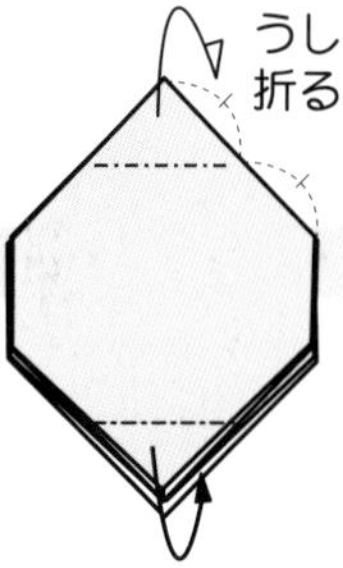

いちばん下の1枚を
残してまとめて
間に折る

⑦ 残りの1枚を
間に折る

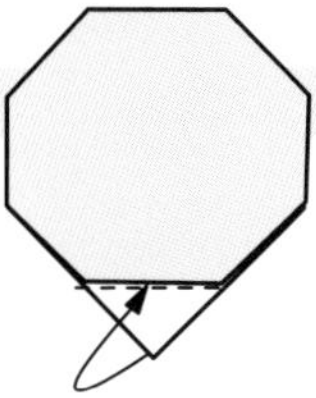

⑧

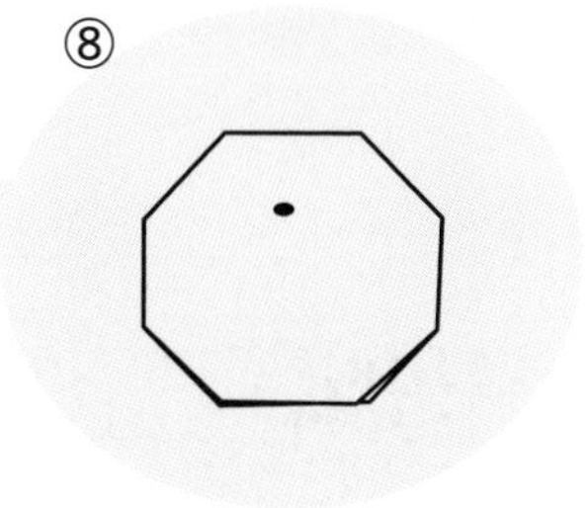

ヘタを描いてできあがり

色の違う紫系の
折り紙で
数個折る

難易度 ★

ジュース

▶p.31

作品づくりのアドバイス

ぶどうジュースを、朱色、赤、茶系の折り紙で折ると、オレンジジュース、トマトジュース、コーヒーや紅茶になります。

使う折り紙：紫系 1枚、水色 1/8枚

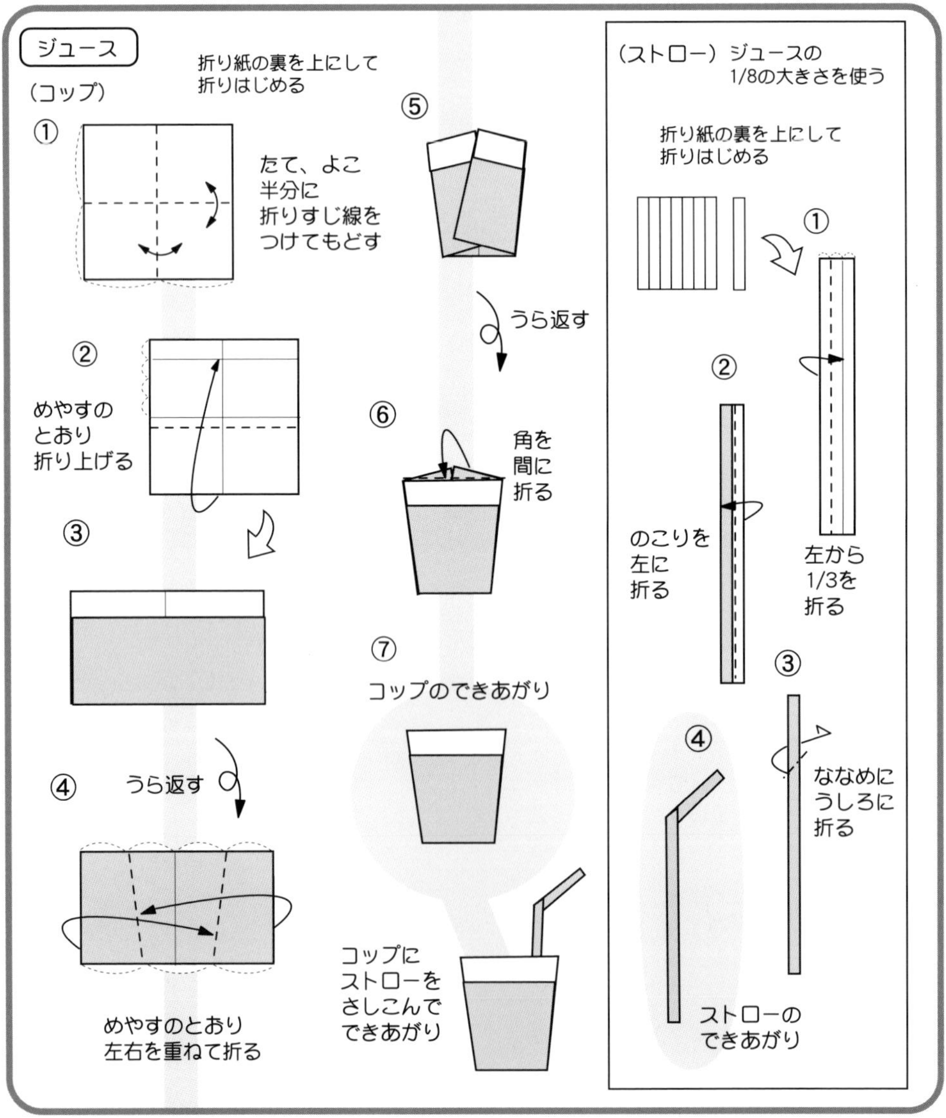

ジュース
（コップ）
折り紙の裏を上にして
折りはじめる
①
たて、よこ
半分に
折りすじ線を
つけてもどす
②
めやすの
とおり
折り上げる
③
④
うら返す
めやすのとおり
左右を重ねて折る
⑤
うら返す
⑥
角を
間に
折る
⑦
コップのできあがり
コップに
ストローを
さしこんで
できあがり
（ストロー）ジュースの
1/8の大きさを使う
折り紙の裏を上にして
折りはじめる
①
左から
1/3を
折る
②
のこりを
左に
折る
③
ななめに
うしろに
折る
④
ストローの
できあがり

チョコのクリスマスケーキ

▶p.32

作品づくりのアドバイス

スポンジケーキを黄色の折り紙で折り、生クリームをピンクの折り紙で折ると、いちごクリームのクリスマスケーキになります。

使う折り紙：茶 1枚、白 1枚＋1/16× 6枚、赤 1/9× 2枚、緑 1/16× 4枚、銀 1/64× 2枚

折り紙の裏を上にして折りはじめる

スポンジケーキ

① 半分に折る

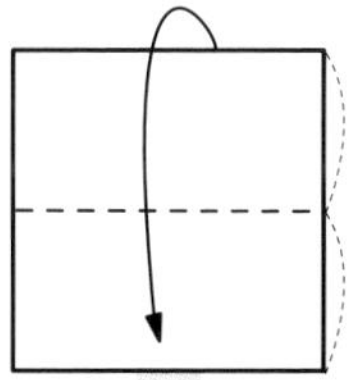

② 角を間に折る

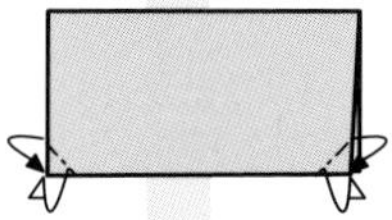

③ 5 mm 幅に細く切った白い折り紙をはる

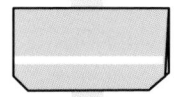

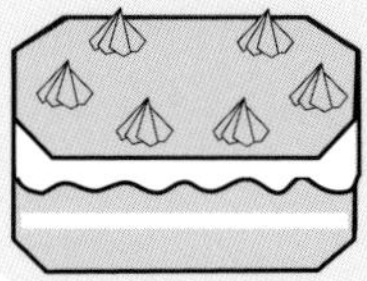

スポンジケーキの上に生クリームをのせその上にホイップクリームを並べてはり、できあがり

生クリーム

① 半分に折りすじ線をつけてもどし上半分の1/4を折る

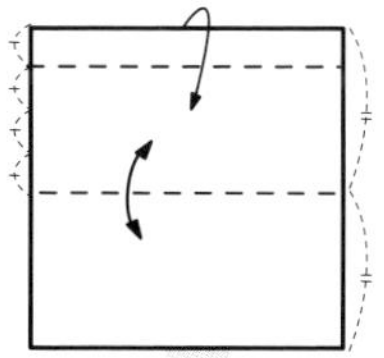

② てまえに折る

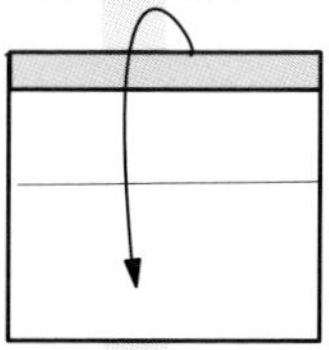

③ 角を間に折る

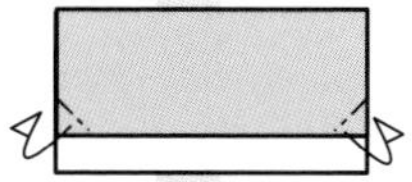

④ 角をなかわり折り

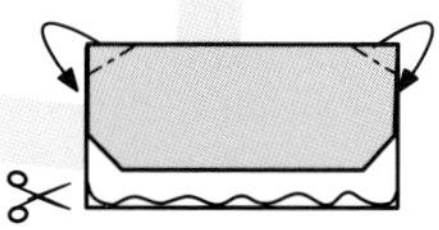

下の辺を波形に切る

ホイップクリーム

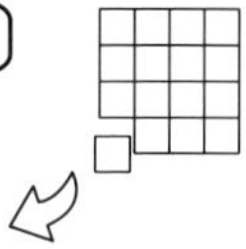

① ※ 1/16の大きさの折り紙を使う

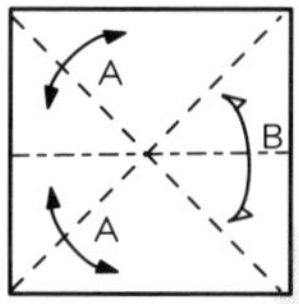

A、Bの順に折りすじ線をつけてもどす

② 中心▼を押さえ図③のように折りたたむ

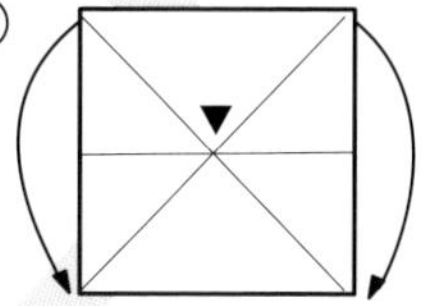

③ 右の上1枚を図④のように左に折る

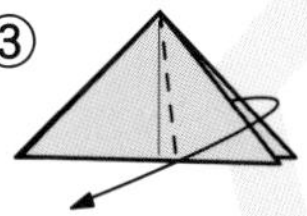

④ もう1枚も左に折る

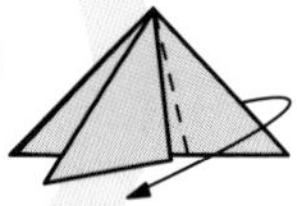

⑤ 左のいちばん下の1枚を右に折る

⑥ 4カ所ともうしろに折る

⑦ 6個折ってケーキの上に飾る

アレンジ いちごのバースデーケーキ

いちごとホイップクリームを交互に並べ、黄色いスポンジに赤線でジャムを描き、いちごのバースデーケーキを作りましょう。

折り方参照：いちごp.45

Happy Birthday

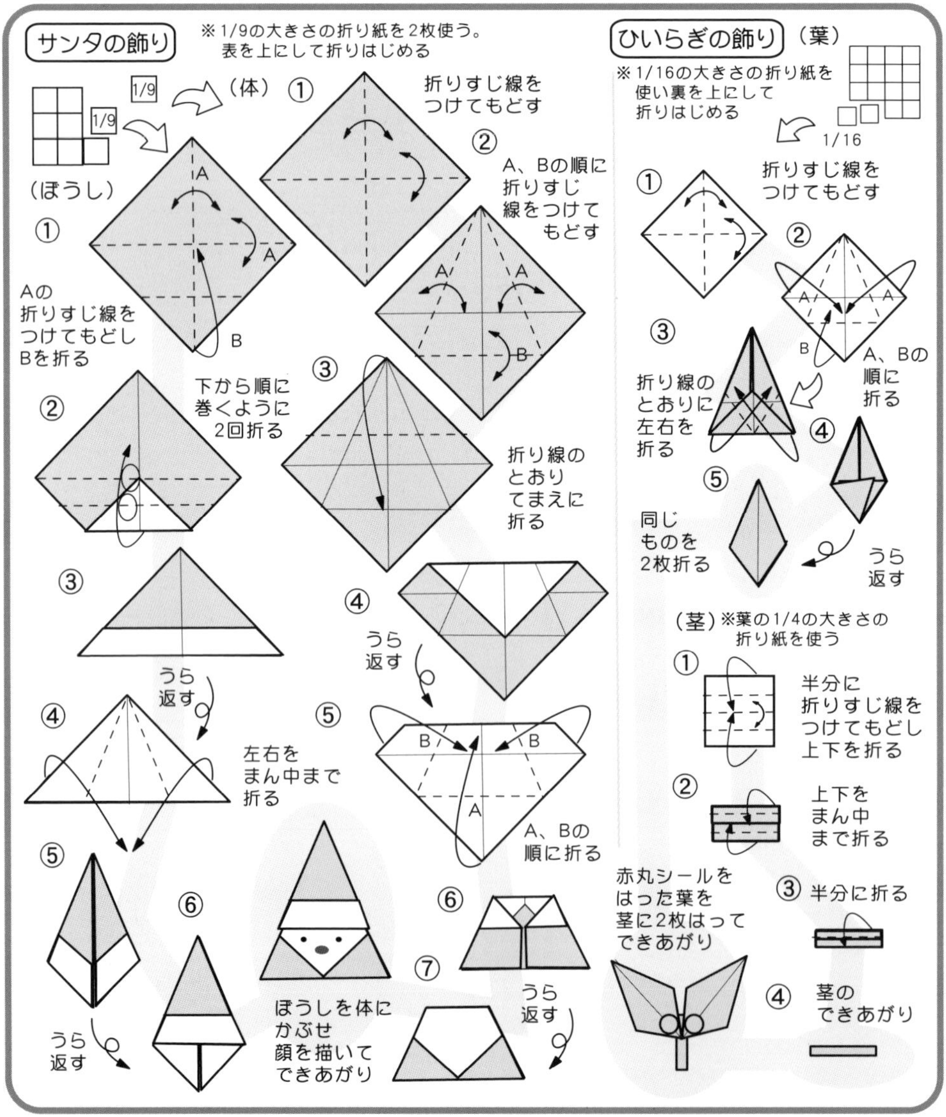
サンタの飾り
※1/9の大きさの折り紙を2枚使う。
表を上にして折りはじめる
1/9
1/9
（ぼうし）
①
A
A
Aの
折りすじ線を
つけてもどし
Bを折る
B
②
下から順に
巻くように
2回折る
③
うら
返す
④
左右を
まん中まで
折る
⑤
うら
返す
⑥
ぼうしを体に
かぶせ
顔を描いて
できあがり
（体）①
折りすじ線を
つけてもどす
②
A、Bの順に
折りすじ
線をつけて
もどす
A
A
B
③
折り線の
とおり
てまえに
折る
④
うら
返す
⑤
B
B
A
A、Bの
順に折る
⑥
うら
返す
⑦
ひいらぎの飾り
（葉）
※1/16の大きさの折り紙を
使い裏を上にして
折りはじめる
1/16
①
折りすじ線を
つけてもどす
②
A
A
B
A、Bの
順に
折る
③
折り線の
とおりに
左右を
折る
④
⑤
同じ
ものを
2枚折る
うら
返す
（茎）※葉の1/4の大きさの
折り紙を使う
①
半分に
折りすじ線を
つけてもどし
上下を折る
②
上下を
まん中
まで折る
③ 半分に折る
④
茎の
できあがり
赤丸シールを
はった葉を
茎に2枚はって
できあがり

おわりに

昨今「食育」の重要性がますます注目され始め、食べものの栄養価、米・野菜・くだものなどがどのように栽培されるか、また、よく噛むことの大切さほか、さまざまな側面からの、熱心な食の教育が行われています。

私たちも年に数回ほど、食のフェスティバル等の依頼で、食べものの折り紙作品の指導をさせていただいております。大規模なイベント会場での講習会では、一日数百人単位の方たちが、折り紙のコーナーに立ち寄ってくださいます。折り紙講習会では通常、タテ約70cmヨコ約50cmのB2判の大きなパネル５枚に、栄養別に分類した食べものの折り紙作品を、合計100点近く貼りつけ、来場者の皆さんに見ていただけるようにしています。

小さなお子さんを連れたママが「わ～、このめだまやきとミニトマト、かわいい！」「見て、あのイワシ、本物そっくり！」、そんなふうに言いながら携帯で写真を撮ってくださいます。また、お子さんやお孫さんたちにせがまれ、日ごろあまり折り紙に触れることのないおじいちゃんやパパまでが、太い指で小さなみかんなどを一生懸命折る姿も、とても微笑ましいものです。

そんな様子は、一日スタジオにこもりコツコツと折り図を仕上げていく、日々の地味な創作生活の中では決して出会えない、本当に新鮮な光景です。

自分たちの作品に歓声を上げ、実際に楽しく折ってくださる多くの方々に出会うたび、これからもこの「食育おりがみ」を大事にし、ますますおいしい作品を創っていこうと思います。

最後になりましたが、私たちにとって非常に愛着のある食べものの折り紙を、こんなすてきな本にまとめてくださった、全国学校給食協会様に、この場をお借りして、心からの感謝を申し上げます。

西田良子・平野誠子

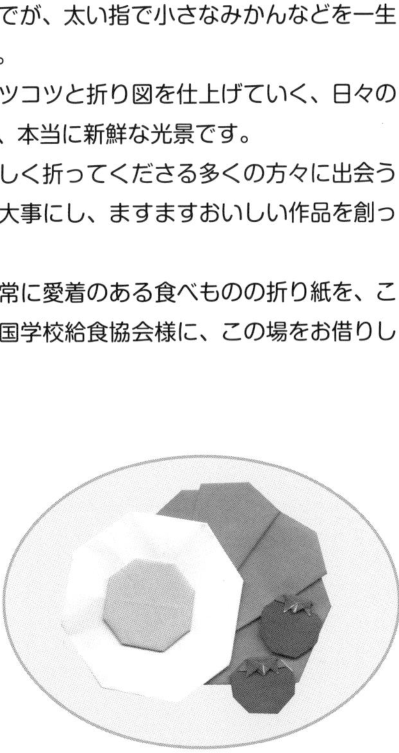

あいうえお索引

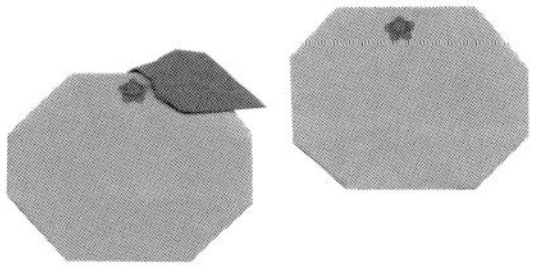

な

は

ま

や・ら

アレンジ例

ひゅるんと細長い、
おなすに似た顔をしています。
焼いたおなすが、大好きです！

りんごのような、
まあるい顔をしています。
りんごを丸ごとシャリシャリかじれる、
とても丈夫な歯を持っています。

西田良子（にしだ・りょうこ）
折り紙作家・デザイナー
女子美術大学卒業
企画制作室・コアプランテック主宰
各種雑誌やホームページで、オリジナルの
折り紙作品を発表しながら、
「夢キャラバン」という、絵本の読み聞かせと
折り紙指導の活動もしています。
「夢キャラバン」連絡先・コアプランテック
r-n-plan@amber.plala.or.jp
ホームページ「折り紙作家 西田良子の世界」
http://nishida-ryoko.blogdehp.ne.jp/
コア・プランテックの折り紙作品をご覧ください。

平野誠子（ひらの・せいこ）
編集者・プランナー
青山学院大学卒業
出版社で働いた後、
仲良しの西田良子さんの
作品創りにアドバイスしたり、
「夢キャラバン」の活動にも、
参加しています。

装丁　周 玉慧
構成・編集　奥山芽衣　望月章子

おいしく折ろう
食育おりがみ

2012年3月3日発行
2013年2月1日第2刷
2015年6月1日第3刷
著者　西田良子　平野誠子
発行者　細井壯一
発行所　全国学校給食協会
〒102-0074　東京都千代田区九段南2-5-10九段鶴屋ビル１Ｆ
http://www.school-lunch.co.jp
TEL 03-3262-0814 FAX 03-3262-0717
振替00140-8-60732

印刷　株式会社　技秀堂

落丁本・乱丁本はお取り替えします。

ISBN978-4-88132-061-7